KB248498

중국의
국가 대전략 연구

아연 중국연구총서 05

중국의 국가 대전략 연구

2007년 8월 14일 제1판 1쇄 발행

지은이　이희옥
펴낸이　정민용
펴낸곳　폴리테이아
출판등록　2002년 2월 19일 제 300-2004-63호
주　소　서울시 종로구 홍파동 42-1 신한빌딩 2층
　　　　　전화 02-722-9960(영업), 02-739-9929(편집),　팩스 02-733-9910
표지디자인　송재희
표지사진　gettyimages/멀티비츠이미지/Ryan McVay

ISBN　978-89-92792-03-5　94300
　　　　978-89-955215-7-1　(세트)

＊책값은 뒤표지에 표시되어 있습니다.
＊잘못된 책은 바꿔드립니다.

이 도서의 국립중앙도서관 출판시도서목록(CIP)은 e-CIP 홈페이지(http://www.nl.go.kr/cip.php)에서
이용하실 수 있습니다(CIP제어번호: CIP2007002391).

중국의
국가 대전략 연구

이희옥 지음

폴리테이아

차 례

서문

 "2006년 말 현재 국민총생산 2조 6,817억 달러로 전년 대비 10.7% 성장, 대외무역액 1조 7,607억 달러, 외환 보유고 1조 663억 달러, 1인당 GDP 2천 달러." 이것은 2006년 중국이 거둔 경제적 성과이다. 이 과정에서 과열에 대한 우려가 나타났고 중국 정부도 해마다 8% 수준의 적정 성장률을 제시하는 한편 숨고르기를 위한 다양한 정책 수단을 동원했음은 물론이다.[1] 이러한 중국의 고공행진에 대해 '중국의 시대'가 도래하고 있다는 목소리가 커지는 한편, 오랫동안 착륙하지 못하는(Long landing) 비정상적이고 불확실한 상황에 대한 우려도 함께 나타나고 있다. 이른바 '중국 위험론'이 바로 그것이다.

 그럼에도 불구하고 세상은 중국을 축으로 돌고 있다. 중국의 부상(China's rise)에 대한 많은 논란이 있지만, '부상' 그 자체는 이제 전혀 새로운 이야기가 아니다. 세계 최대의 공장에서 세계 최대의 시장으로 부상하고 있고 투자처를 찾지 못한 초국적 자본은 중국에 아시아의 거점을 세우고 있으며 덩달아 핫머니들도 이윤을 향해 중국으로 집결하고 있는 중이다. 중국도 이미 국내경제의 안정적 관리에 머무르지 않고 '바깥으로 나가'(走出去) 외국의 핵심 기업을 사냥하기 시작했고[2] 여기에는 미국이나 한국의 기업도 예외가 아니다.

---

[1] 1995~2004년까지 연간 8.2%의 경제성장률을 기준으로 볼 때, 해당시기 세계 평균의 성장률 3.6%는 물론이고 개발도상국의 5.1%를 훨씬 상회하였다 IMF, *World Economic Outlook*, 2004. http://www.imf.org/external/pubs/ft/weo/2004/01/index.htm(검색일 : 07/01/04)

　국제 문제에서도 중국은 덩샤오핑이 말한 대로 "냉정하게 관찰하고 입장을 확고하게 견지하며, 신중하게 대처하고 때에 이르기 전에는 자신을 노출하지 않고 고지식하고 우둔함을 이용하여 자신이 먼저 나서지 않았고"(冷靜觀察 站穩 脚跟 韜光養晦 善於守拙 絶不當頭), 지금도 이러한 자세를 견지하고 있다. 9·11 이후 미국에 대한 '낮은 포복'의 자세를 보였던 것도 중동의 석유를 둘러싼 분쟁이 중국에 미칠 영향력을 우려했기 때문이었다.

　그러나 중국은 경제적 자신감을 기초로 고립주의와 무임승차에 가까운 대외 전략을 수정하면서 국제 문제에 적극 개입하기 시작했다. 국제사회에서 대국의 책임을 다한다는 '책임대국(負責任的大國)론'은 이러한 변화를 상징한 것이다. 이러한 연장선상에서 미국의 일초다강 체제를 인정하면서도 국제관계의 민주화를 주장하기 시작했고, 미국의 힘이 일방적으로 중국에 투사되는 것을 막기 위해 주변의 이웃국가와 전략적 협력을 강화하고 있다. 유사 이래 가장 안정적인 관계를 유지하고 있는 러시아와의 관계는 이러한 인식의 결과이다. 또한 에너지의 안정적인 수급이 없으면, 21세기 제국의 모습을 갖추기 어렵다고 보고 전통적 우방이었던 제3세계에 대해 본격적으로 관심을 기울이고 있다. 이러한 행보는 단순히 에너지를 확보하기 위한 것이 아니라, 신자유주의가 전 지구적 차원의 새로운 남북문제(Global South)를 낳고 있는 상황에 능동적으로 개입하고자 하는 것이다. 2006년 52개국의 아프리카 국가 중에서 48개국 정상을 동시에 베이징으로 불러 모아 중-아프리카 회의를 개최한 세계 외교사 초유의 일도 이러한 중국의 미래구상의 일환이었다.

---

2 세계 총량 대비 중국 국내 투자액을 구매력지수(PPP)로 평가할 경우, 1980년 4.4%에서 2003년 24.8%에 달해 미국(17.3%)을 넘어섰다. 특히 매년 새롭게 증가하는 주택 면적은 미국의 4~5배에 이른다. 현재 중국의 자본 보유량은 개혁 초기의 10배, 건국 초기의 100배에 이른다(胡鞍鋼·王亞軍 2005).

　분명한 것은 국제사회가 중국을 빼놓거나 고립시켜 문제를 해결하기는 어려워졌고 중국을 주저앉히려는 전략(dissuasion strategy)은 점점 많은 비용이 들게 될 것임을 예고하고 있다.

　다른 한편, 중국은 아시아를 세계로 나아가는 교두보로 삼고 여기에 중화의 질서를 다시 세우려고 하고 있다. 중국에게 아시아는 지속 성장을 담보하기 위한 생존 권역(Lebensraum)이다. 이를 위해 쌍무주의에 익숙한 대화와 협력 방식에도 변화를 주면서 다자주의적 접근과 지역 경제 협력의 제도화에도 깊은 관심을 보이고 있다. 미국이 세계에 대해 '당신은 누구냐'(Who are you?)를 물으면서 자유주의 가치를 공존의 기준으로 삼았다면, 중국은 '우리는 누구냐'(Who are we?)를 물으면서 아시아를 파고들고 있다. 이미 북핵 문제 해결과정에서 중국은 '성실한 중개자'(good office)의 역할을 넘어 동북아 다자안보 체제를 형성하는 계기로 삼고자 했고 동아시아 자유무역지대의 건설에도 적극적으로 나서고 있다. 한중 FTA에 대한 중국의 관심도 이러한 맥락에서 이해할 수 있다. 또한 동남아 국가들과 영토와 자원분쟁의 원인이 되고 있는 남사군도 문제에도 유연하게 접근하기 시작한 것은 이러한 원려(遠慮)가 작용하고 있는 것이다.

　그러나 시선을 중국의 내부로 돌려보면, 여전히 많은 모순과 갈등이 복잡하게 얽혀 있다. 자유주의적 관점에서는 '중국은 여전히 권위주의를 벗지 못하고 있고 변형된 전체주의적 틀을 유지하고 있다'는 의심을 거두지 않고 있다. 중국에서도 이러한 인식을 부분적으로 수용하고 있다. 즉, 공산당 일당체제의 유지에는 근본적인 한계가 있다고 보고, 민주와 인권에 대한 관심을 적극적으로 제기하고 있다. 사실 그동안 민주와 인권이라는 말은 입에 담기 어려운 것이었고, 언급되더라도 낡은 부르주아적 가치로 낙인찍는 것이 고작이었다. 그러나 현재 중국은 비록 조심스럽고 점진적인 태도를 취하고는 있으나 '민주가 나쁜 것'3이라는 생각은 거두어 들였다. 다당제와 삼권분립 반대 등 중국 사회주의의 정체성을 심대하게 위협하는 것을 제외하고 당내 민주주의의 확대와 선거제도의 개선 등 절차적 민주화를 중심으로 한 민주화 논의는 활발하게 전개되고 있다(이희옥 2004c, 213-230). 이렇게 변용된 중국 사회주의 이데올로기는 더 이상 고전적 마르크스와 레닌주의에 구속되기보다는 좀 더 넓은 지평에서 새롭게 성장한 계급과 자본가들을 품는 데로 나아가고 있다.

이러한 중국 내외의 환경 변화는 우리에게 새로운 질문을 던지고 있다. 미국의 중국과는 달리 한국의 중국은 너무나 깊이 연동되어 있어 중국의 발전과 위험이 고스란히 우리에게 실시간으로 전달되어 오기 때문이다. 도대체 '우리에게 중국은 무엇이어야 하는가'라는 고민을 제기하는 것이다. 우리는 그동안 세계지도는 물론이고 동아시아 지도를 우리 손으로 스스로 그려 보지 못했다. 이런 까닭으로 지도를 그리는 능력(mapping power)이나 전략적 사고는 위축되었고 심지어는 깊은 숙명론에 빠져들기도 했다. 따라서 중국 문제를 들여다볼 때마다 '우리에게 중국은 무엇인가'를 물었고 나아가 한미동맹 속에서 중국을 묻는 것이 일상화되었다. 말하자면 자유와 민주주의적 가치를 공유하고 있는 한미 관계와 사활적·경제적·지정학적 이해를 공유하고 있는 중국을 동시에 중시하지 못했다. 따라서 한중 관계와 한미 관계 사이에는 '하나를 얻으면 다른 하나를 잃는다'는 교환관계(trade off)로 보는 생각이 암암리에 스며들어 있었다. 친중은 곧 반미라는 불순한 도식화도 이러한 단편적인 인식의 소산이었다.

우리가 미래로부터 오늘의 현실을 되짚어 보고, 미래에서 동아시아의 변화를 성찰하게 되면, '지금 여기서'(Now and Here) 스스로의 지도를 그리고 구

---

3 중국에서 민주주의에 대해 과감한 주장을 제기해 논란을 일으켰던 것은 중앙편역국에 있는 위커핑(俞可平)이 발표한 "민주는 좋은 것"이라는 문건이다. 위커핑의 이러한 주장을 대담 형식으로 정리한 것으로 閆健(2006) 참조.

체적인 로드맵이나 대전략을 만들어야 한다. 사실 국제적으로 중국 부상론4을 둘러싸고 기회와 위협 사이의 논쟁도 중국의 국가전략과 대응 전략 사이의 모순을 반영하는 것이었다. 우리의 대중국 전략은 우선 중국의 발전에 대한 맹목적인 신화는 물론이고 근거 없는 중국비관론도 동시에 경계하는 것이 필요하다. 그 중요한 출발점의 하나는 중국의 변화와 전략적 의도를 읽어야 한다. 그것은 중국이 설정한 장기적 국가 목표는 무엇이고 어떤 방식으로 이러한 목표를 추구할 것인가를 이해하고 분석하는 일이다. 왜냐하면 미래 중국은 불확실성을 안고는 있으나, 자신의 국가 상황(國情)에 대한 솔직한 이해에서 출발하여 객관적이고 실현가능한 지표를 설정했고, 그동안 이러한 목표를 대체적으로 만족시켰다는 점에서 예측 가능성이 훨씬 높아졌기 때문이다.

이 책은 모두 여섯 장으로 구성되어 있다. 제1장에서는 중국의 국가대전략에 대한 개념, 목표, 추진 전략, 국력 평가 등을 담고 있다. 이것은 중국의 실력(power)이 어느 정도이고 정책 우선순위가 어디에 있으며 중장기적 지표를 확인하는 데 유용하다고 보았다. 제2장에서는 국가대전략의 중단기적 목표가 국내 문제의 안정적 해결에 있다고 보았다. 실제로 중국이 어떤 정치사회적 병목(bottlenecks)을 안고 있는가를 제시하고 병목의 성격과 수준을 드러내면서 그것이 중국의 정부 능력을 통해 쉽게 해결될 수 있는 것인가를 분석했다. 3장에서는 중국의 대외 환경을 분석하였다. 즉, 중국의 국내적 모순을 해결하기 위해서는 안정적이고 평화로운 환경을 필요로 하고 이를 위해 방어적 현실주의 관점에서 국제 문제를 처리할 것이라는 추론을 입증하고자 했다. 그럼에도 불구하고 중국이 미국 중심의 국제질서의 규칙을 바꾸려는 시도가 있다고 보고, 이것이 동아시아 지역전략에 미치는 상관관계를 분석하고자 했다. 4장

---

4 대표적으로 중국 평화 부상의 이론적 틀을 만들었던 쩡삐젠(鄭必堅)의 연설문집 참조(鄭必堅 2005a; 쩡삐젠 2007; Brad 2004).

에서는 중국의 수많은 국내 문제를 해결하는 국내 전략의 핵심을 도시화(urbanization)에 두고 분석했다. 농업-농민-농촌의 문제, 도시의 실업과 취업 위기, 내수 시장의 약화, 산업구조 조정의 필요성을 동시에 연동할 수 있는 중장기적 대안을 도시화 전략에서 찾았다. 그리고 도시화 전략을 효과적으로 달성할 수 있는 방안을 신형 공업화에서 찾아 도시화 전략과의 관련성을 드러내고자 했다. 제5장은 중국의 국가전략과 한중 관계의 문제를 다루었다. 이것은 일종의 한국의 대응 전략이라고 할 수 있는데, 서방에서 실제 이상으로 유포된 중국 위협론[5]을 한국적으로 재구성할 것임을 제안하고 있다. 중국 위협론에는 중국 부상에 대한 이미지와 실체가 정돈되지 않은 채 섞여 있고, '의도된 오해'에 근거하고 있는 측면도 있다고 보았다. 결론에서는 이러한 논의를 종합하고 요약하면서 중국의 미래를 거칠게 조망하고자 했다.

이런 점에서 이 책은 중국의 국가대전략을 외교 전략, 국제 전략 등 분과 전략의 맥락에서 보는 견해를 보완하고 중국의 사회경제적 맥락을 외교적 맥락과 연동하고 중국의 미래 비전을 함께 결합하면서 중국의 종합적인 청사진을 드러내고 분석하고 있다. 이것이 국내 전략과 대외 전략의 상호관계를 이해하는 데 유용한 의미를 제공할 수 있다고 보았기 때문이다.[6] 그럼에도 이 연구는 많은 한계가 있다. 우선, 중국의 방대한 전략 체계를 범주화하는 데 역부족이었다는 점이다. 그리고 변화하는 중국의 국가전략의 인식적 흐름을 수미일관하게 그려내지는 못했다. 뿐만 아니라 중국의 도시화 전략이 국내의 사회

---

5 중국 위협론에 대한 미국의 연구 동향, 추이의 자세한 개괄과 민주평화론의 논리에 대한 중국 측 비판에 대해서는 施愛國(2004, 2-15)을, 이러한 다양한 중국론에 대한 종합적 분류와 정리에 대해서는 上海福卡經濟預測研究所(2004, 14-22) 참조.
6 중국은 사회적 병목으로 적극적이고 공격적인 대외 전략을 추구하기 어렵기 때문에 우선은 중국 위협론이라는 중국 딜레마(chinese dilemma)를 불식하는 데 주력할 필요가 있다. 이러한 견해에 대한 분석은 이희옥(2005b, 75-109), 林佳龍(2004, 220-223).

경제적 문제를 복합적으로 반영하고 있고 이 문제를 해결하는 것이 '대안의 전략'이라고 주장했으나, 도시화 전략을 추진할 때 발생할 수 있는 정치적 함의는 면밀하게 다루지 못했다. 마지막으로 인식적 수준에서 한중 관계 재구성의 필요성을 강조했으나 구체적인 로드맵이나 구체적인 정책 함의를 제공하는 데까지는 이르지 못했다.

이 책은 고려대 아세아문제연구소의 "중국연구총서" 시리즈의 일환으로 기획되었다. 이 연구 시리즈 전반을 기획하고 완성할 때까지 큰 방향과 흐름은 최장집 선생님이 잡아 주셨다. 필자는 전체 총서의 기획에 참여하면서 한국에서 중국 연구의 성과를 정리하는 계기로 삼았고 필자도 그 말석을 차지하였다. 역부족이었으나 행복한 일이었다.

이 책을 쓰고 다듬는 동안 공부 이외의 번잡한 일들이 필자를 괴롭혔으나, 그동안의 거친 공부를 일단 정리하고 새로운 출발을 하고 싶었다. 이 책에 사용된 원고들은 최근에 상당 부분 발표된 것이었다.[7] 그러나 이 논문들을 기계적으로 조합하지 않고 전면적으로 해체하여 재구성하면서 나름대로 책의 체계를 갖추고 논리적 일관성을 유지하고자 했다.

중국사를 '출구 없는 방'에 비유한 역사학자의 비유처럼 공부하면 할수록 필자의 상상력의 빈곤을 여지없이 드러내었고, 탐구하고 싶었던 '중국적인 것'(Chineseness)의 과학화와 '한국에서의 중국 연구의 의미'는 갈수록 미궁에 빠져들었다. 그럼에도 불구하고 중국적 합리성은 일관성을 갖는 데에 있다고 믿었다. 오랫동안 방향 감각을 잃고 미로를 헤매던 생각들을 가지런히 세워 보기도 하고 이론과 현실 사이의 넓은 간극을 메울 수 있는 방도를 고민해 보

---

7 제1장 『중국연구』(2006년), 제2장 『한국사회과학』(2005년), 제3장 『현대중국연구』(2006년)와 『한국과 국제정치』(2004년), 제4장 『한국과 국제정치』(2005년)와 『중국학연구』(2007년), 제5장 『동아시아시대 새로운 외교지형의 구축』(2006년).

기도 했다. 그러나 생각만큼 글들이 따라오지 못했다.

그동안 '걸으면서 생각하던' 일상을 살아온 것 같다. 걷는 일을 접어둘 수 없다면 '생각하면서 걷는' 훈련을 해야겠다고 생각해 보았다. 푸르렀던 '첫 마음'을 너무나 빨리 '희미한 옛사랑의 그림자'로 추억하지 않으면서도 '무엇을 하지 말 것인가'를 고민하고 자신에게도 정직한 공부가 무엇인가를 찾아야겠다고 생각했다. 이 책을 계기로 당분간 내 공부의 '결과 떨림'을 불어넣기 위해 반일정좌(半日靜坐)의 수행도 해야 할 판이다.

이 책을 쓰는 동안 소박한 밥상을 함께해야 할 사람들이 다시 생겼다. 책을 기획하고 마무리하는 동안 계시는 것만으로도 든든했던 최장집 선생님, 주말도 없이 연구실에 틀어박혀 있을 때 사춘기를 보냈을 강은과 강우와 가족들, 새 둥지에서 불편 없이 적응하도록 도와준 성균관대의 동료 교수들, 명륜동에서 첫 수업을 들었던 도전 의식이 가득한 학생들, 나의 제자였으나 유능한 출판인이 되어 품격 있는 책을 만들어 준 정민용 사장과 아세아문제연구소의 김순영 박사, 난삽한 원고를 다듬느라 머리가 납작해졌다는 강근영 조교, 그리고 필자 스스로도 원고를 제 때 끝내지도 마치지 못한 상태에서 운영위원의 위세를 이용하여 쉼 없이 원고를 독촉한 다른 필자들에게는 더욱 미안한 마음이다.

독자 여러분의 아낌없는 질정을 바란다.

2007년 8월
명륜동 연구실에서 필자

제1장

개념과 체계

1. 개념과 연구동향

1) 전략의 개념

전략(strategy)에 대한 개념은 논자와 강조점에 따라 다양하게 사용되고 있으며, 중국과 서양의 용법에서도 상당한 차이가 있다(唐世平 2003, 1-5). 중국 고대에서 전략은 '전'(戰)과 '략'(略)을 구분해서 사용했다. '전'이 주로 전투·교전·전쟁을 지칭했다면, '략'은 주략(籌略)·책략·모획(謀劃) 등의 개념으로 사용되었다. 이미『좌전』(左傳)에 전략이란 단어가 나타나고 있고 서진(西晉)의 역사학자인 스마뱌오(司馬彪)는 3세기 말에 이미『전략』이라는 책을 썼다고 전해진다(이 책은 소실되어 현재는 찾아볼 수 없다). 현재까지『전략』이라는 이름으로 쓴 책은 명대의 마오위안이(茅元儀)의『21사전략고』(卄一史戰略考)가 처음이다. 중국의 고대 군사가인 손자는 이러한 중국의 전략 개념을 실제에 적용했다. 상병벌모(上兵伐謀)는 중심적인 전략 사상이고 '묘산'(廟算)이라는 개념은 전략적 층차의 확정과 정책 결정을 의미하는 것이라고 볼 수 있다. 현재 중국이 제시하고 있는 '평화 부상'의 전략도 '싸우지 않고 이기는' 손자의 전략에서 유래했다는 해석도 있다.[1]

　서방의 전략이라는 개념은 군대를 의미하는 그리스어 'Stratos'에서 유래했다. 서기 580년 동로마 황제인 모리스가 쓴 『Stategikon』에서 나타난 의미는 '장군학'(將軍學)이었다. 이를 프랑스에서 번역하면서 'Strategie'가 처음으로 사용되었다. 중국에 전략이라는 용어가 수입된 것은 19세기 말 일본에서 'Strategy'를 '전략'으로 번역했고 이를 중국 유학생이 수입하면서 사용되었다 (紐先鍾 2003, 5). 따라서 서양에서 사용하는 전략의 개념은 '작전의 책략' 또는 '장군의 길' 등 군사적 개념에서 유래하였다. 근대 서구의 전략 개념도 '군대의 최대 병력을 전쟁 지역이나 작전 지역의 가장 중요한 곳에 집중적으로 보내는 일종의 예술'(Jomini 1986, 87; Clausewitz 1978, 175)이거나 '전쟁의 목적을 달성하기 위한 전투에 대한 운용'이라는 개념이었다. 이러한 관점에 입각해서 가장 전형적으로 정의한 것은 하트(Liddlell Hart)의 "(전략은) 군사 도구를 배분하고 운용하여 정책 목표를 달성하는 예술"(Hart 1967, 335)이라고 할 수 있다.

　이처럼 중국과 서양의 전략이라는 개념에는 차이가 있다. 중국은 전략의 개념을 군사적 영역에 국한하지 않았고 외교적·정치적 차원에서 사용했다. 즉 중국에서 사용하는 전략 개념은 '군사투쟁의 예술'에서 벗어나 거시적 해석, 총체적 파악, 심모원려라는 개념으로 변화했다. 실제로 『사해』(辭海)에서도 "전략은 전국적이고, 높은 수준의 중요한 문제에 대한 통일적 기획과 지도를 의미한다"(上海辭書出版社 1999, 3833)라고 정의하고 있다. 이러한 전략의 개념은 국가전략, 군사 전략, 경제 발전 전략으로 확대·변용되었고 이 과정에서 대전략이라는 개념도 등장했다.

---

1 이런 점에서 손자를 고대 최고의 전략사상가로 부르기로 하고 『손자병법』을 세계 최초의 전략학 서적이라고 부르기도 한다(Collins 1973, xx; 紐先鍾 2003, 24).

2) 대전략의 개념

대전략(Grand strategy)의 개념은 근대 이후의 산물이다(Hart 1967, 335; Kennedy 1991, 1장; Murray al. 1994, 서론과 결론). 특히 하트는 1929년에 발표한『역사에서의 결정적 전쟁』이라는 책에서 '대전략'의 개념을 "국가의 모든 자원을 동원하고 집중하여 국가정책을 실현하는 데 사용하는 정치 목표"(Hart 1967, 322)로 규정했다. 이렇게 보면 대전략은 전략과 구분되고, 또한 전략과 전술로 구분할 수도 있다. 이 경우 전술은 전략을 운영하는 낮은 차원이고 전략은 대전략을 운용하는 높은 차원이다(Hart 1967, 360; 葉自成 2003a, 2). 전략적 관점에서 보면 전쟁에 이기는 것이 목표이지만, 대전략의 관점에서 보면 전후 평화 질서까지를 염두에 두는 좀 더 높은 차원이자 "한 국가가 전쟁과 평화 사이에서 동요하는 무질서하고 때로는 위협적 국제질서에서 생존하고 번영하기 위한"(Kennedy 1991, 6) 생존 전략이라고도 볼 수 있다.

이후 이러한 대전략의 개념에는 많은 변화가 있었다(門洪華 2005, 40). 이에 대한 정의는 일반적으로 세 가지 유형으로 구분할 수 있다. 첫째, 국가가 정치·경제·심리·외교·군사적 수단을 운용하여 전쟁에서 이기는 예술이다. 둘째, 국가가 정치·경제·심리·외교·군사적 수단을 통해 국가안보의 목적을 실현하는 예술이다.[2] 셋째, 국가안보뿐 아니라 발전 목표를 포괄한다. 이러한 구분을 따른다면 대전략은 국가전략(National strategy)과 같은 의미이지만,[3] 군사대전

---

[2] 먼홍화(門洪華)는 두 번째 개념을 채용하고 있는데, 그가 보는 대전략의 개념은 "국가전략자원을 종합적으로 운용하여 국가안보와 국제 목표를 실현하는 과학과 예술"로 규정했다(門洪華 2005, 41). 그러나 국가안보와 국제 목표는 상호 연관되어 있을 뿐 아니라, 중국의 안보전략이 국내 발전 전략과 깊은 함수관계를 가지고 있다는 점에서 협의의 개념과 광의의 개념을 단순하게 절충한 것으로 보일 수 있다.
[3] 이 책에서 사용하는 개념은 주로 세 번째의 포괄적 개념을 담고 있다. 이에 따르면 안보 전략과 발전 전략을 두루 포괄하고 있고, 이들 상호 간의 관계도 고려할 필요가 있기 때문이다.

략이라는 협소한 개념을 넘어 외교 전략, 정치 전략, 문화 전략 등과는 구별되는 일종의 방대한 전략 체계라는 개념으로 사용되는 것이다(葉自成 2003a, 1).

요컨대 대전략의 '대'(grand)는 상대적인 개념이지만 주권국가라는 차원에서 보면 국가의 목표, 실현 방법, 이를 유지하는 가장 상위의 개념이다(張劍荊 2005, 279-280). 이런 점에서 대전략을 총체적 전략, 국가총전략, 국가대전략으로 부를 수 있으며 "어떤 국가가 국가 목표를 추구하기 위해 사용하는 군사적·정치적·경제적 수단의 뚜렷한 조합(distinctive combination)"이라고도 할 수 있다(Goldstein 2003, 87). 그리고 대전략이 기본적으로 전국적 상황(Overall Situation)을 염두에 둔다고 할 때, 대외경제 전략의 목표를 경시하지 않으면서도 경제 전략이 대전략의 정치에 영향을 주는 것을 바로잡아 주는 것이기도 하다(Doyle 1993, 22). 이를 좀 더 단순하게 범주화하면 "핵심적 국가이익을 추구하는 다양한 정책 기저에 관통하는 특징적 전략"(서진영 2006, 134-135)이라고도 할 수 있다.

광의의 대전략이라는 개념에서 보면, 중국이 지향하는 목표는 전면적인 소강사회의 건설, 통일의 완성, 세계 대국으로서의 지위 확립으로 요약할 수 있다(李而炳 2004, 161). 이것은 결국 '중국 민족의 위대한 부흥'을 위한 것이며 과거 영화롭던 중화를 재현시키겠다는 의지의 표현이기도 하다.[4] 역사적으로 중국의 대전략은 '기본적인 안전보장을 추구하고 기본적 부유를 확보하는' 데에 있었다. 여기서 말하는 기본적 안전보장이란 한 국가가 자신의 주권과 독립, 영토의 보전 등에 대해 걱정하지 않고 자신의 생활방식에 대해 자유롭게

---

4 장쩌민도 2001년 7·1강화에서 "19세기부터 20세기 중엽까지 100년간 중국 인민의 모든 노력은 조국의 독립과 민족의 해방을 실현하고 민족 굴욕의 역사를 끝내기 위한 것이다. 이 역사적 과업을 우리는 이루었다. 20세기 중엽에서 21세기 중엽까지 중국 인민은 조국의 부강, 인민의 부유함과 민족의 위대한 부흥을 실현해야 한다."라고 밝힌바 있다. 2002년 11월 16차 전당대회 보고의 중심적 단어도 '중화민족의 위대한 부흥'이었다(李而炳 2002, 56-57).

선택하는 것을 의미한다. 또한 기본적인 부유함이란 중국인의 생활수준, 삶의 질과 개인의 자유보장이라는 측면에서 선진국에 근접하는 것을 의미한다. 중국이 이러한 부국강병에 기초한 대전략을 추구하는 것은 중국인의 오랜 열망을 반영한다. 실제로 중국은 아편전쟁 이후 반(半)식민지를 거치면서 '힘이 없으면 아무 것도 할 수 없다'는 교훈을 얻었고 이를 안보관과 발전관에 반영해 왔다. 따라서 오늘날의 중국은 전통적 중화의식의 토양 위에서 군사력을 중시하고 과잉된 자기방위 의식과 국가의 주권, 영토의 위신과 존엄 등에 대한 강한 집착을 보였고(茅原都生 2005, 163), 중국의 대전략은 이러한 장구한 목표 달성을 위한 심모원려(calculative)의 특징을 띠고 있다(Goldstein 2003, 97-150).

3) 연구동향

중국의 대전략에 대한 연구는 매우 활발하게 진행 중이다. 우선 역사적·문화현실주의적 접근이 있다(Johnston 1995, 248-266). 여기에는 『손자병법』 등 고대 중국의 국가대전략의 현재적 의미에 대한 연구가 진행 중이다. 즉, 현재 중국의 대전략론은 역사적 연속성을 가지고 있고 중국적 맥락에서 이해할 필요가 있다는 것이다.[5] 중국 고대의 전략 개념은 핵심 지대를 보위하고 주변을 통제하며, 절도 있는 무력 사용과 주도면밀한 계산, 비강제적 안보전략의 추진, 국내 리더십 정치에 대한 강력한 영향력 행사를 실시하는 것이다(Swain & Ashley 2003, 21). 따라서 고대 전략의 현대적 의미를 연구하는 학자들은 각종

---

5 대표적으로 군사과학원의 우춘치우(吳春秋), 예즈청(葉自成)이 이러한 연구를 주도했다. 이들은 고대 중국의 전략 개념으로 아시아, 미국 등과의 비교 연구를 진행했다(吳春秋 2002, 96-140 ; 葉自成 2003).

사회적 충돌 중에서 국내 질서를 확보하고 국가주권과 영토 완성에 대한 외부 위협을 방지하며, 중국이 아태 지역 내지 중요 지역에서 지연정치(Geo-politics)의 영향력을 획득하고 확보하는 것으로 보았다(Swain & Ashley 2003, 7-8).

현대적 의미에서 중국의 대전략 연구는 주로 역사적 분석과 정성분석 (quality analysis)을 취하고 있기 때문에 정량분석이나 국제적 비교연구는 여전히 취약한 편이다. 중국 내의 대전략 연구는 국제관계의 맥락에서의 정책 운용을 중심으로 분석하면서도 중국이 장기적으로 세계 국가가 되어야 하기 때문에 합리적인 외교 철학을 가져야 한다는 주장으로 확대되고 있다(時殷弘 2003). 구체적으로는 자조(self-help), 도광양회(韜光養晦, hiding), 편승(bandwagoning), 초월(transcendence) 등의 방식을 제시하였다. 최근 들어서는 대국의 일원으로 국제 안보 체제에 적극적으로 참여하고 주도적인 역할을 하기 위해 새로운 대전략 구상이 필요하다는 점을 강조하고 있다(時殷弘 1995, 1-3; 時殷弘 2001, 13-20).

서방의 연구에서는 외교 전략적 차원에서 중국의 대전략을 분석하는 것이 주류이다. 그러나 대전략을 바라보는 시각에 대해서는 두 가지 서로 다른 견해가 존재한다. 하나는 중국의 대전략 수립이 미국의 잠재적 적국이 될 것이라는 견해[6]와, 중국은 이미 세계 대국의 모든 조건을 갖추고 있으며 냉전의 종식은 중국에게 보다 적절한 국제환경을 제공하고 있다는 견해가 충돌하고 있다(Goldstein 1997-1998, 36-73).

중국의 대전략에 대해서는 골드스타인의 연구가 주목받고 있다. 그는 1990년대 중반 이후 중국은 두 가지 목표가 있다고 주장했다. 즉, 현재의 국제적 조건을 유지하면서 국내 건설에 주력하는 것, 그리고 미국 등이 현재의 우

---

6 Ross Munro, "Chinese Grand Strategy : Some Goals. New Tactics"(www.iir.neeu.edu.tw, 검색일 : 06/10/04).

세한 조건을 이용하여 중국이 부상하거나 국제사회에서 더 많은 역할을 하는 것을 막거나 손상을 입히는 것을 줄여 나가는 것이다(Goldstein 2001, 835-864). 이런 점에서 중국이 직면한 국제전략 정세와 국가 실력의 상승은 비스마르크 시대의 독일과 유사하다고 보고, 중국은 일종의 패권을 추구하지 않는 것을 목표로 삼는다는 점에서 신비스마르크식 전환(Neo Bismarckian Turn)이라고 보았다(Goldstein 2003, 57-106).

한국에서의 중국 대전략 연구는 중국의 장기적 외교 전략에 대한 연구와 이에 대한 대응 전략이라는 정책 연구가 나타나고 있으나(이태환 2005; 외교안보연구원 2003; 전경만 외 2004; 이상현 외 2005), 총체적인 국가전략이라는 체계 속에서 해명하고 있는 것은 아니다. 또한 비교정치학, 국제정치학적 관점에서 중국의 강대국화를 비교분석한 중요한 연구가 있으나, 주된 분석의 초점은 중국의 국제정치적 위상에 대한 평가에 있다고 할 수 있다(정재호 2006, 11-52).

2. 대전략의 조건 : 국력의 현실

1) 국력의 개념

중국이 세계 강국을 추구하기 위한 대전략을 수립하고 있으나, 이러한 능력이 있는가 하는 문제가 항상 쟁점이 되어 왔다. 이것은 주로 국력과 관련되어 왔던 것이다. 국력에 대한 개념은 국제정치학에서 오랫동안 논의되어 온 주제였고 이에 대한 수없이 많은 정의가 있다. 일반적으로 국력이 자원(resource), 전략(strategy), 결과(outcomes)를 반영한다고 할 때 이에 대한 평가는 중국 대전략의 적실성을 분석하는 데 있어 여전히 중요한 기준이다(Boudon &

Bourricaud 1989, 267).

국력을 설명하는 개념으로는 실력(power), 국력(national power), 종합 국력(comprehensive national capacity), 국제경쟁력(international competitiveness) 등이 있다. 실력은 국력을 판단하는 기본 개념이다. 그리고 포괄적이고 종합적인 국가능력을 종합 국력이라고 부른다. 그러나 국력의 개념은 절대적이 아니라 상대적이며 엄밀한 의미에서 힘의 배열 순서와 관련되어 있다. 거칠게 보면 국력은 인구, 경제력, 군사력, 정치안정성, 역사문화, 자연조건 등으로 구성된다고 할 수 있다.

그러나 냉전 이후 국가 능력을 평가하면서 국력이라는 개념 대신 종합 국력이라는 개념을 사용하는 것이 일반적이다. 왜냐하면 국가이익에 대한 종합 국력의 영향은 전략적 성격을 띠고 있으며, 종합 국력이 강한 국가는 그렇지 못한 국가에 비해 더욱 광범한 국가이익을 확보할 수 있다고 보기 때문이다(閻學通 2005, 32-33). 이러한 종합 국력에 대한 계산법도 다양하다. 거멘(Clifford German)에 따르면 종합 국력(G)은 핵 능력(N)에 비례한다고 단정하기도 했다. 이 핵 능력은 토지(L), 인구(P), 공업기지(I), 군사력(M)을 포괄하고 있다.[7] 이 밖에도 푹스(Wilhem Fucks)의 강국화 공식은 에너지와 철강 능력을 고려하였고 클라인(Ray Cline)은 P = (C[국토와 인구]＋E[경제 능력]＋M[군사력]) × (S[국가전략계쉬＋W[국가의지])로 계산하였다. 이 밖에도 이를 수정한 일본의 논의도 있다.[8]

세계 대국이 될 수 있는 이러한 종합 국력은 생존력, 발전 능력, 국제적 영향력으로 구분할 수 있다.[9] 생존력은 영토, 지리적 위치, 자연자원, 기후, 지형,

---

[7] 거멘의 모델은 지금까지 제시된 것 중 가장 복잡한 모델의 하나이다(German 1960, 138-144; Cline 1975).

[8] 다양한 국력 평가 모델에 대한 정리는 門洪華(2005, 71-74) 참고.

[9] 국력 요소에 대한 다양한 학자들의 견해에 대한 종합적인 평가에 대해서는 Coplin & Kegley(1971, 106-107), 서방 정치학계의 국력 논의에 대한 중국 학계의 평가와 요약에 대해서는 黃朔風(2002,

전략적 변경, 인구, 국가의 응집력, 민족 구성, 경제력, 군사력의 요소를 포괄한다. 발전 능력은 성숙하고 정상적이고 안정적인 제도(정치·경제·법률제도), 성숙하고 안정적이며 사회적인 균형을 잡을 수 있는 중간층, 발전된 국민 교육 체계와 과학기술 연구 체계와 주민의 교육수준, 구매력 기준 1인당 6,000달러 이상, 생태 환경이 악화되는 추세를 막는 단계, 자원 부족의 해결 능력, 해외무역과 전략자원 수송의 안전을 확보할 수 있는 군사력, 성장 속도의 유지 등이다. 국제적 영향력은 인구, 경제체제, 영토, 자원의 전체적인 규모, 국가의 총체적인 응집력과 의지, 국제사회 주요 조직과 회의 참여, 주요 국제조직에서의 비교적 중요한 지위와 역할, 국제 문제 정책 결정 과정에서의 건설적인 영향, 세계 체제 규칙 제정과 국제정치경제 신질서 건설 과정에서의 역할, 해당 지역 문제에서의 문제 해결 능력 등이 있다.

최근의 국력 연구에 의하면 전략자원, 자원의 국력으로의 전환, 국력의 도구로 구분하여 평가하는 경우도 있다(Treverton & Johns 2005, 5-7). 이에 따르면 전략자원의 변수는 인구, 인적 자본, 경제력, 기술력, 군사능력을 포함한다. 그러나 전략자원을 전환하는 능력이 부족할 경우 국내 경제 자원의 활용 능력과 전 지구적 자원 활용 능력, 선출직의 규모, 국민들의 협력과 상호작용의 방식을 포함한다. 마지막으로 미래 국가안보를 위협하는 요인을 밝히고 이에 대처하는 효과적인 국력의 도구 영역이다. 여기에서는 연성 권력(soft power)도 포함할 필요가 있다.

14-17) 참고.

2) 중국의 국력 평가

　중국에서 국력에 대한 개념은 '종합 국력은 국가의 총체적 역량', '한 국가의 모든 물질적 역량과 정신적 역량의 총계로 국제사회에서의 종합 영향력과 자신의 의지로 다른 국가의 능력을 통제할 수 있는 능력' 등 고전적 해석을 중심으로 매우 다양한 개념이 등장하고 있다. 대체적으로 종합 국력은 다섯 가지 차원에서 요약된다. 첫째, 주권국가가 가지고 있는 실제 능력이다. 둘째, 연성 권력을 포함한 종합적 성격을 갖는다. 셋째, 국가의 운명과 관련된 생존력, 발전력, 국제 영향력의 조합이다. 넷째, 국력은 강한 경쟁성, 비교의 측면이 존재하는 한편 보완성이 있다. 다섯째, 정보를 기초로 한 국가 경제와 국가를 넘어선 상호의존이 증가하면서 과학기술의 수준이 중시될 것이다(黃朔風 2002, 18-19).

　중국의 종합 국력 계산법으로는 8개 측면, 64개 지표로 구분한 사회과학원의 방법이 있고 군사과학원(종합 국력=협력조정체계×하드웨어×소프트웨어), 현대국제관계연구원 등의 분석 방법도 있다. 특히 칭화대학의 분석방법은 좀 더 많은 변수를 조작하여 국력 평가의 객관화를 꾀하고자 했다(胡鞍鋼·王亞華 2005, 17).[10] 여기에 따르면 8개의 전략자원과 23개 전략적 지표의 가중치를 이용하여 추산했다(門洪華 2005, 76-77). 이러한 분석방법은 포터(Michael Porter)가 제시한 5대 요소 자원, 즉 물적 자원, 인적 자원, 기초 시설, 지식 자원, 자본 자원(capital resource)을 확대 적용한 것이다(Porter 1990).

　이런 지표로 1980~2000년 중국, 미국, 러시아, 일본, 인도 5개국을 비교 평가한 결과 미국이 세계 총량에서 차지하는 비중은 21.96%에서 22.785%로 높

---

10 구체적인 종합 국력의 공식은 다음과 같다. 종합 국력 $NP = \sum(a_i \times R_i)$, R_i=세계 총량 대비 자원 규모, a_i=자원의 가중치, $NP = \sum(a_i \times R_i(t))$

<표 1-1> 국가 전략자원과 주요 지표

구분	가중치	전략 지표
경제 자원	0.2	GDP(PPP, 국제달러)(1.0)
인적 자본	0.1	노동인구수(A) × 평균교육연수(B) = 총 인력 자본(A × B)(1.0)
자연 자본	0.1	전력 생산량, 상업에너지 사용량, 농업 파종 면적, 수자원(0.25)
자본 자원	0.1	국내투자(0.4), 해외시장 주식가치(0.3), 순 외국인 직접투자(0.3)
지식 기술 자원	0.2	개인 컴퓨터 가구 수, 인터넷 설치, 특허신청 건수, 과학논문 발표 수, R&D(0.2)
정부 자원	0.1	중앙 재정 지출 (1.0)
군사 자원	0.1	군인 수(0.4), 군비 지출(0.6)
국제 자원	0.1	수출상품·서비스, 수입상품·서비스(0.3) 판권·특허 수입, 판권·특허 지출(0.2)

출처 : 門洪華(2005, 76-77).

아졌고 중국은 1980년의 3.16%에서 2000년에는 11.16%로 높아져 세계 2위를 차지했다. 미국과 중국의 종합 국력의 차이는 1980년의 1/5에서 2000년에는 2/5로 줄어들었다. 그리고 현재의 기준으로 추산하면 2020년 중국의 비중은 22%로 미국의 19.96%를 능가하는 것으로 나타난다. 이것은 중국이 20년 동안 종합 국력이 크게 상승했고 경제성장이 지속적으로 유지되었다는 것을 의미한다(World Bank 2001; 門洪華 2005, 82). 중국은 객관적으로 광대한 영토, 13억 명의 인구, GDP 규모, 유엔안보리 이사국, 핵 보유국, 유인 우주선 보유와 같은 군사적 능력을 두루 구비하고 있다. 이런 점에 기초하여 일부에서는 세계 6위 규모의 국력을 가진 것으로 평가하기도 한다.[11]

---

[11] 이 연구는 1998년까지의 분석이다(胡鞍鋼 2003, 68-69). 그러나 중국사회과학원이 발표한 국제 정세 보고서에 의하면 2005년 기준 중국의 국력 규모를 세계 6위로 평가하고 있다(中國社會科學院 2006).

<표 1-2> 연성 권력

정치력(-1~0.8)		외교력(-1~0.6)		문화 교육력(-1~0.6)	
국가전략	-1~0.2	외교 정책	-1~0.20	문교 종사자의 질	-1~0.11
정치 체제	-1~0.20	대외 활동	-1~0.15	문교 투자	-1~0.20
정부 소양	-1~0.2	대외 원조	-1~0.10	교육 보급률	-1~0.11
국민 응집력	-1~0.15	국제경쟁력	-1~0.10	TV, 영화, 출판	-1~0.10

<표 1-3> 경성 권력

경제력		과학기술력		국방력		자원력	
총량 지표	20	과학기술자 수	30	무장력	15	인구 수	20
1인당 지표	30	과기 투자	30	무기 장비	25	국토 해양 영공	25
생활수준	30	과기 수준	20	국방 경제력	25	자연자원	35
비중 지표	20	과학기술 발전 공헌율	20	국방과학 기술력	25	환경보호	20
				국방의식과 지식	10		

출처 : 黃朔風(1999, 70-88).

또 하나는 황수어펑(黃朔風)의 종합 국력에 따른 동태적 방정식이 있다. 그는 국력을 연성 권력과 경성 권력으로 구분하고 연성 권력을 경제력(35), 과학기술력(30), 국방력(15), 자원력(20)으로, 경성 권력은 경제력, 과학기술력, 국방력, 자원력으로 세분하였다.

이런 기준으로 국력의 요소를 구분한 이후 정치체제, 정부 지도, 조직 정책 결정 능력, 관리 능력, 개혁 통제 능력 등을 포함하는 협동력을 추가했다. 이것은 연성 권력과 경성 권력 사이의 협력과 경성 권력 사이의 각 변수 상호간의 협력에 가중치를 부여한 것이다. 이러한 기준에 따르면 경성 권력의 경우 1996년 미국은 87.84이고 중국은 46.75였고, 연성 권력의 경우는 미국과 중국은 같이 1.02를 기록했다. 이를 통해 종합 국력을 환산하면 미국은 89.59

(87.74 × 1.02)이고 중국은 47.69(46.75 × 1.02)로 미국의 53%, 일본의 70%에 달하는 것으로 분석했다(黃朔風 1999, 70-88).

3. 국가대전략의 목표, 추진단계

현재 중국은 경제대국, 정치대국, 군사대국의 조건을 충분히 갖추지 못하고 있다. 다시 말해 정치 발전과 경제 발전이 상당기간 안정적으로 지속되지 않으면 명실상부한 대국으로 성장하기 어렵다. 이를 위해 중국은 전략적 3단계론을 제기하였다.

이러한 3단계론 전략은 건국 직후부터 논의되어 왔다. 그러나 마오쩌둥 시기의 단계론은 구체적인 정책 수단이 없었기 때문에 미래의 목표에 불과했으며, 주된 관심은 낙후된 국가가 어떻게 발전국가를 추격할 것인가에 있었다. 이를 위해 고축적과 저소비 정책을 실행했고 군사 공업을 포함한 중공업 발전 전략을 중요 전략으로 삼았다. 3단계론에 생기를 불어넣었던 것은 덩샤오핑이 이른바 3단계론(三步走)이라는 새로운 구상을 제기하고 13차 당대회에서 이를 당의 공식 입장으로 추인하면서부터이다.[12] 덩샤오핑은 선진국을 추월하기 위해 무역자유화와 투자자유화를 강조하고 경쟁 체제와 시장 메커니즘을 도입하는 데 주력하였다. 이런 점에서 '지속적이고 빠른 발전, 먼저 부자가 되게 하자'는 선부론은 당시로서는 중요한 의미를 지니는 것이었다.

그러나 중국 경제는 덩샤오핑의 전략적 목표를 빠르게 달성하면서 새로운

---

[12] 건국 직후부터 개혁개방에 이르는 3단계론의 역사적 논의 과정에 대해서는 이희옥(2005a, 8-10).

구상이 필요해졌다. 1997년 15차대회에서 장쩌민이 '구 3단계론'에서 '신 3단
계론'으로 전환하는 구상을 발표했다. 〈표 1-4〉와 같이 2010년 무렵 GDP를
2000년 대비 두 배로 늘려 소강 상태를 넘어 좀 더 여유가 있는 비교적 완전한
사회주의 시장경제 체제를 형성하고자 했다. 이 시기는 2008년 올림픽과 2010
년 상하이 엑스포라는 국제적 행사가 예정되어 있고 중국공산당 17차대회
(2012년)와 제12기 전인대(2013년)가 출범하면서 2기 후진타오 체제를 준비하
는 시기이다. 이 시기 사회경제 발전 전략의 대강은 '제11차 5개년 규획'에 담
겨 있다.[13] 그리고 이로부터 다시 10년을 거쳐 2단계가 되는 2020년은 중국공
산당 창당(1921년) 100주년이 되는 시기이다. 이때까지 국민경제를 더욱 발전
시키고 각종 제도를 완비하여 전면적 소강사회를 건설한다는 것이다. 이러한
토대에서 건국 100주년(2049년)이 되는 21세기 중엽 기본적으로 현대화를 실
현하고 부강·민주·문명의 사회주의 국가를 건설하고자 했다.

그러나 이러한 발전론은 지속적으로 변화하고 있으며, 발전 전략도 변화
를 겪고 있다. 가장 중요한 변화의 동인은 중국의 발전 속도에 따라 목표를 조
기에 달성하고 있기 때문이다. 2006년 말 현재 1인당 GDP는 2,000달러로 이
미 목표를 달성했다. 따라서 제12차 5개년 규획 시기(2011~2015년)를 앞두거나
매년 열리는 정부공작보고 등을 통해 새로운 목표가 설정될 것으로 보인다.[14]
일단 현재의 조건에서 중장기적 전략 목표의 적실성을 평가하는 것은 제11차

---

[13] 11차 5개년 계획을 수립하면서 계획(plan) 대신 규획(regulation, program)이라는 용어를 처음 사
용했다. 물론 이것은 16차대회 이후 각종 문건에서 규획이 계획의 개념을 대체하고 있는 연장선에서
나타나고 있는 것이다. 이것은 정부가 자원을 배치하는 과정에서 시장의 기능을 더욱 중시하겠다는
점, 지나치게 구체적인 양적 지표를 약화시키고 정부가 경제 사회 발전에서 거시적 파악과 조절을 중
시하겠다는 점, 정부 기능을 변환하겠다는 의미이다("計劃變規劃一字之差透出三大信號," www.
xinhuanews.com, 검색일 : 05/10/10).
[14] 이와 관련해 최근 중국의 중기 발전 기간을 2005~2015년으로 보고 이에 대한 평가와 전망을 시도
하는 경향이 나타나고 있다(胡鞍鋼 2007, 275-305).

〈표 1-4〉 중국 국가전략의 시기적 구분

구분	1980년	1990년	2000년	2010년	2020년	2050년
3단계 전략	1단계		2단계	3단계		
				소1단계	소2단계	소3단계
1인당 GDP(달러)	100	200 (×2)	800 (×4)	1,600*	3,200(×4)	12,800(×4)
특징	기준 시점	온포 문제 해결	소강 수준 달성	소강과 전면 소강의 과도	전면적 소강사회 목표	비교적 부유, 현대화 달성
비고	1987년 13전대회에서 채택, 온포 단계 달성 선언	15기 5중전회에서 선언	신 3단계론에서 재설정(11차 5개년 규획)	공산당 창당 100주년	중국 건국 100주년

주 : * 현재의 추세(2006년 말 현재 약 2,000달러)라면 2010년에 3,000달러를 조기 달성할 가능성
　　이 있음.
출처 : 이희옥(2005a, 99)를 수정하여 정리함.

5개년 규획의 성패가 준거가 될 것이다. 중국 발전 전략의 역사적 경험을 토대로 보면, 대체적으로 25~30년을 주기로 큰 조정이 있었다. 이것은 중국의 발전 환경, 발전 전략, 발전에 따른 도전이 다양하게 나타날 뿐 아니라, 권력 지도부들도 이전과는 서로 다른 발전 전략을 추구하기 때문이다. 실제로 중국 내에서 장기적 과제는 중단기적 성과에 따라 크게 영향을 받으면서 목표를 수정할 가능성이 크다.

1) 단기전략 : 11차 5개년 규획 (2006~2010)

중국의 단기전략은 제11차 5개년 규획으로 나타나고 있다. '11·5 규획'은 대체적으로 세 가지의 목표와 특징을 지닌다. 첫째, 구속성 목표 또는 책임성 목표이다. 이것은 공공자원을 효과적으로 동원하여 정부의 책임목표를 실현

하는 것이라는 점에서 정부행위를 제약한다. 둘째, 예측성 목표이다. 이것은 국가가 기대하는 발전 목표로 주로 시장을 주체로 자주적으로 실현하는 것이다. 정부는 산업발전의 목표, 도시화발전의 목표, 국제무역이나 국제화 발전 추세의 목표와 같은 거시환경, 제도환경, 시장환경을 만들어 주고 적절한 시기에 거시조절의 방향과 폭을 결정한다. 세 번째는 지도성 목표이다. 이것은 '11·5규획' 기간에 정부가 희망하는 목표를 달성하는 것이다.

이러한 원칙 속에서 '11·5규획'은 6대 중점을 제시하고 있다. 이것은 경제성장 방식의 전환, 산업구조의 구조조정, '삼농 문제' 해결, 도시화의 건강한 발전의 추진, 지역의 협력적 발전, 조화사회 건설의 적극적 추진 등이다(中共中央黨校出版社 編寫組 2006, 49-50). 이러한 중점 속에서 63개의 지표를 다시 분류하였다. 이것을 앞의 지표체계로 분류하면 30개의 구속성 지표, 16개의 정부 지도성 지표, 17개의 시장예측성 지표로 구분할 수 있다.

이러한 지표 하에서 설정된 구체적인 목표는 〈표 1-5〉와 같다. 즉 "2010년 1인당 GDP를 2000년 대비 두 배로 늘린다. 자원이용의 효율을 높이고 단위 GDP당 에너지 소모를 2005년 대비(10차 5개년 규획의 마지막 연도) 20% 이상 줄이며 생태 환경이 악화되는 추세를 억제하고 경지가 과다하게 감소하는 상황을 효과적으로 통제한다. 자주적 지적재산권과 유명상표, 국제경쟁력이 있는 기업을 형성시킨다. 사회주의 시장경제 체제를 비교적 완성하고 개방형 경제를 새로운 수준까지 발전시켜 국제수지가 기본적으로 균형을 이룰 수 있게 한다. 9년 의무교육을 보급하고 공고화시킨다. 도시의 일자리를 지속적으로 증가시키고 사회보장체계를 비교적 건전화시키며 빈곤 인구를 지속적으로 감소시킨다. 도농 간 주민 소득수준과 생활의 질을 보편적으로 높이고 물가를 안정시키며 거주·교통·교육·문화·위생과 환경 등의 조건을 비교적 크게 개선한다. 민주법제 건설과 정신문명 건설을 새롭게 전개시키고 사회 치안과 안정적인 생산환경을 호전시키며 조화사회를 구축한다."(中共中央關於制定國民經濟

<표 1-5> 11차 5개년 규획의 주요 사회경제 지표

유형	지표	2005년	2010년	연평균 성장 (%)
경제성장	국내총생산 (1조 위안)	18.2	26.1	7.5
	1인당 국내총생산 (위안)	13,985	19,270	6.6
경제 구조	서비스업 증가 비중 (%)	40.3	43.3	[3]
	서비스업 취업 비중 (%)	31.3	35.3	[4]
	국내총생산 대비 연구개발비 비중 (%)	1.3	2	[0.7]
	도시화율 (%)	43	47	[4]
인구 자원 환경	총인구 (만 명)	130,756	136,000	<8‰
	단위 국내생산량 대비 에너지 소모 감소율 (%)			[20]
	단위 공업 증가치 용수량 감소율 (%)			[30]
	농업 관개용수 유효이용계수	0.45	.05	[0.005]
	공업 고체 폐기물 종합이용률 (%)	55.8	60	[4.2]
	경지 보유량 (억ha)	1.22	1.2	-0.3
	주요 오염물 배출 총량 감소 (%)		18.2	[10]
	삼림피복률 (%)		20	[1.8]
공공 서비스와 인민 생활	평균 교육 수혜 연한 (년)	8.5	9	[0.5]
	도시 기본 양로보험 복개율 (억 명)	1.74	2.23	5.1
	신형 농촌 협력 의료 복개율 (%)	23.5	>80	> [56.5]
	5년간 도시 신규 취업 (만 명)			[4500]
	5년간 농업 노동력 이전 (만 명)			[4500]
	도시 등기 실업률 (%)	4.2	5	
	도시 주민 1인당 가처분소득 (%)	10,493	13,390	5
	농촌 주민 1인당 순수입 (위안)	3,255	4,150	5

주 : 1) 국내총생산 증가와 도시-농촌수입은 2005년 가격, 2) [ ]은 5년 누계임, 3) 주요 오염 물질은 이산화탄소와 화학물질량임.
출처 : 中共中央宣傳部 理論局(2006, 16).

和社會發展第十一五年計劃的建議 編輯組 2005, 7-8)는 것이다.

현재 후진타오 체제의 국가운영의 기조는 거시경제 정책을 운용하는 데 있어 '발전이 보다 중요한 원리'(發展是硬道理)라는 덩샤오핑의 원리를 이어받고 있으나, 기존의 성장 전략과는 경제에 있어 정치의 역할을 강조하고, 성장 과정에서 나타난 각종 사회문제를 적극적으로 해결하고자 한다. 2005년 중국 공산당 11기 5중 전회와 '제11차 5개년 규획'을 통해 사회주의 조화(和諧)사회를 강조하고 선부론에 기초한 중국의 발전담론을 공동부유로 전환시키며, 기존의 중상주의적 정책을 부민(富民)주의적 정책으로 전환시킨 것도 이러한 맥락에서 이해할 수 있다.

2) 중기전략 : 비전 2020

중기전략은 대체로 창당 1백주년 전후인 2020년까지의 전략이다. 이것은 크게 보면 3대사회를 건설하는 것으로 요약할 수 있다. 첫째, 전면적인 소강사회를 건설하는 것이다. 이것은 모든 영역에서 발전하는 것으로 특히 농촌이나 사회적 약자집단까지를 포괄하는 개념이다. 둘째, 사회주의 조화사회를 구축하는 것이다. 이것은 주로 도농간·지역간·계층간 차이가 확대되는 것을 통제하고 격차를 줄이는 것이다. 셋째, 국제사회의 밀레니엄 발전 목표(MDGs)를 실현하는 것이다. 이것은 중국 내의 발전 목표를 국제사회와 비교하여 빈곤과 기아에 관심을 가지고 사회적 정의와 진보에 관심을 가지는 것이다. 즉 성평등, 도농 간 평등, 인간과 자연의 조화, 인간과 자연의 격차축소, 인류안보의 보장을 포괄하는 개념이다(胡鞍鋼·王亞軍 2005, 175).

이러한 거시적인 발전 전략을 추진하기 위한 구체적인 지표는 다음의 〈표 1-6〉과 같이 정리할 수 있다.

첫째, 성장목표이다. 경제총량은 2001-2020년까지 GDP 성장률을 7.2% 유지한다는 것이다. 불변가격을 기준으로 계산하면, 2020년 GDP는 2000년의 4배에 달한다. 이것은 개혁개방 초기와 비교하여 30배에 달하는 규모로 GDP

〈표 1-6〉 2020년 중국 대전략 지표

목표	구체 지표
성장 목표	GDP 세계1위, GDP 평균성장률 7.2%, 세계 2위 무역대국
강국 목표	종합 국력 미국과의 격차 1.5~2배 이내로 축소
부민 목표	전면적 소강사회 건설, 2020년 빈곤 인구 절반 감소, 고등학교와 대학 보급률 85%와 40%로 확대, 에이즈와 전염병 발병률 감소, 임산부 사망률 3/4으로 감소, 아동 사망률 2/3로 감소, 농촌 사회보장 체계의 초보적 건립
국가 안전 목표	국가 안보 통일 유지, 하이테크 방어 작전 능력 제고, 군현대화, 하이테크 인민 전쟁 능력 향상
지속가능한 발전 목표	인구성장률 제로 성장 단계, 삼림 피복률 23.4%, 토지 유실 면적 5,000만㎢ 관리, 화학비료와 농약 등 오염원의 관리, 각종 방재 안전망 건설, 응급 재난 안전 관리 시스템 구축
국제 경제력 목표	국제경쟁력 증강, 현재 30-30위권을 세계 10위권으로 진입
지속가능한 발전 목표	인구 성장 0, 삼림 피복률 23.4%, 각종 재난 안 전관리, 도시 실업보험과 기본 양로보험 85% 확보, 농촌 사회 의료보험 75% 확보, 노동쟁의 5‰ 이내로 통제, 형사 사건 발생률 0.6%, 치안 사건 발생률 0.8%로 통제

출처 : 胡鞍鋼·門洪華(2005, 67-68), 胡鞍鋼·王亞華(2005, 176-177)를 재구성.

총량으로 보면 미국을 능가하는 세계 최대의 경제실체가 되는 규모이다. 무역 증가의 폭은 경제성장의 속도를 능가하고 있는 데 현재 6대 무역국에서 2020년 세계 2위의 무역대국으로 세계무역의 10%를 담당할 것으로 전망한다.

둘째, 종합 국력의 목표이다. 향후 20년 동안 미국과의 격차를 현재의 2.3배에서 1.5~2배로 줄이면서 종합 국력에서 주도능력을 지닌 세계 강국이 되도록 한다.

셋째, 인민의 생활의 질을 제고하는 부민(富民) 목표이다. 1인당 평균 교육연수와 기대수명을 현재의 중상위의 발전수준(2002년) 0.745에서 비교적 발달한 국가의 수준(0.8)로 높이는 것이다. 그리고 절대빈곤 인구를 감소시키고 교육보급률을 대폭적으로 높여 인문 발전에서도 강대국의 지위를 유지하고자 한다.

넷째, 국가안보 목표이다. 적극적으로 다자협력 모델을 지지하고 동아시아 경제공동체를 지향하고 타이완과의 통일을 실현하며 주변국가와의 영토와 영해분쟁을 평화적으로 해결하고자 한다. 이를 위해 군의 현대화, 기계화, 정보화를 가속하고자 한다.

다섯째, 국제경쟁력을 현재의 세계 30위권에서 10위권으로 도약시키는 것이다. 특히 금융, 기초 설비, 과학기술, 교육 등의 방면에서 국제경쟁력을 높이는 것을 주요한 목표로 설정하고 있다.

여섯째, 환경과 경제 발전을 연계하는 지속가능한 발전의 목표이다. 인구성장을 억제하고 삼림과 초지를 보호하며 도시와 농촌의 환경오염을 줄여나가는 정책을 추진하는 한편 각종 재난관리시스템을 구축하고자 한다.

일곱째, 조화(和諧) 안정의 목표이다. 이것은 도시와 농촌, 계층 간, 지역 간 차이와 불균형을 바로잡는 한편 복지의 위기를 국가가 담당하는 것이며 각종 노동조합과 노동중재위원회를 통해 노동쟁의를 줄이는 한편 형사사건과 치안사건의 발생률을 낮추기 위한 구상이다.

2006년 10월 개최된 당 16기 6중 전회에서는 2020년까지의 '9대 목표'를 함께 제시하였다. 이에 따르면 사회주의 법제의 완비, 도농 간 지역 격차 완화, 취업률 제고와 사회보장체제의 확대, 공공서비스 체계의 완비, 대중의 사상과 도덕 수준 제고, 사회적 활력강화, 사회 관리 체제 완비, 자원이용의 효율제고, 광범한 대중의 높은 생활수준(小康) 향유 등이 그것이다.[15] 이것은 '11·5규획'에서 양적성장을 지양하고 독자적 개발능력을 강화하고 외자의 실질공헌도에 대한 평가를 반영한 것이다. 더 나아가 중국 경제의 발목을 잡고 있는 내수 부족의 문제를 해결하기 위해 사회적 격차를 해소하는 것에도 중점을 둔다는 것을 의미한다. 후진타오 정부가 적극적으로 추진 중인 동북진흥계획이나 2005년 10월

---

15 사회주의 조화사회를 구축하는 강령적 문건으로 평가받는 이 문건은 中共中央關於構建社會主義和諧社會若干重大問題的決定(2006, 1-40) 참조.

16기 5중전회에서 강조한 중부 부상(中部崛起)의 방침을 결정하고 톈진 일대를
대외개방 중심지로 육성한 것도 이러한 맥락에서 이해할 수 있다.

이러한 중기 발전 목표를 달성하기 위해서 중국은 인적자원 개발 전략, 지
식 발전 전략, 환경 발전 전략을 수립하고자 한다. 첫째. 인적자원 개발을 위해
중국이 세계최대의 학습형 사회를 구축하고 인적자원의 질을 제고하겠다는 것
이다. 이를 위해 공공서비스를 제공하는 형식과 메커니즘을 확립할 필요가 있
고, 성장 우선 전략에서 취업 우선 전략으로 전환하고 노령사회에 적응하는 종
신학습형 사회를 건립하는 것이다. 둘째, 지식 발전 전략을 위해 세계최대의 지
식사회와 정보사회를 건립하고 모든 사람들의 지식 발전 능력을 높이는 것이
다. 이를 위해 전국적 범위에서 지식서비스의 균등화, 지식의 보급과 응용의 강
화, 혁신 능력의 강화, 전 지구적 지식·정보·기술자원의 충분한 이용을 보장하
는 것이다. 셋째, 녹색 발전 전략은 자원절약형 사회와 환경친화적 사회를 건설
하고 이를 위해 국제자원을 충분히 이용하고 시장메커니즘과 사회역량을 역할
을 충분히 발휘하게 하며 녹색공업과 녹색소비를 발전시키고 청정에너지의 생
산 기술을 충분히 이용하고 순환경제를 발전시키는 것이다.

3) 장기 전략 : 현대화 국가

중국의 장기 발전 전략은 이미 2000~2005년간의 국가 발전 전략인 '9·5계
획' 프로젝트의 일환으로 추진되었고 이에 대한 보완이 지속적으로 이루어지
고 있다(李成勳 1997). 당시 목표는 2050년 사회주의 현대화를 전면적으로 실
현하고 사회경제 발전을 성숙시키며, 중국의 국제적 지위를 크게 개선하고 종
합 국력을 세계제일이 되게 하는 것이었다. 이렇게 될 경우 2050년은 중국의
목표대로 범중화주의(Pax Sinica)를 열린다는 것이었다.[16] 다만 현재의 3단계

전략과 차이를 보이는 것은 중기전략을 2030년으로 설정한 점이다. 중국은 이 기간에 공업화를 완성하고 현대화를 초보적으로 실현하며 경쟁력을 갖춘 경제체제와 경제 발전 모델을 형상하여 세계 제2위 수준의 종합 국력을 제고한다는 것이었다(李成勳 1997, 39-43).

이후 중국은 중국과학원의 『중국현대화보고』의 연례보고서를 통해 2020년의 초등발전 국가, 2050년 경제 중등발전국가, 2080년 경제 발전국가, 2100년 경제 발전국가의 선두가 될 것이라고 예측하였다. 이에 따르면 2020년, 2050년, 2080년을 '대3단계전략'으로 2010년, 2020년, 2050년을 '소(小)3단계전략'으로 구분하였다.[17]

구체적으로는 2050년까지 약 6.3%의 경제성장을 지속하여 경제총량과 주요상품 생산이 세계최대가 되는 것이었으며 산업구조 조정을 통해 제3차 산업이 60%에 달하며 도시화율은 72%에 달하는 것이었다. 경제 발전에 대한 과학기술의 공헌율은 70% 이상에 달하며 대외무역의 경우 연간 7.8% 성장하여 강력한 국제경쟁력과 국제자원의 배치능력을 높이고자 하였다. 이와 함께 정신문명과 물질문명을 동시에 발전시키고 환경오염을 효과적으로 통제하며 각종 사회적 모순을 해결하고자 하였다(李成勳 1997, 25-26).

그러나 21세기 들어 중국의 장기 전략의 방향은 수정되고 있다. 현재로서는 사회주의 조화사회를 건설하는 것으로 나타나고 있다. 이것은 2020년까지 환경친화적이고 저소비·고효율의 성장 전략을 추구하면서 지역의 균형 발전

---

16 2050년 중국이 세계 제일의 국가가 될 것이라는 예측은 주로 골드만삭스의 보고서에 기인하고 있다(Wilson & Purushothaman 2003).

17 이러한 견해에 대해서는 중국과학원의 연례 출간 보고서에 나타난다(中國現代化戰略研究課題組 2005). 이것은 주로 현대화지수를 통해 평가하는 것인데 제1차 현대화지수(공업화·도시화·민주화)는 77이고 제2차 현대화지수(지식화·정보화·세계화)는 31이다. 이것은 한국의 100과 84와 대비하여 여전히 취약한 수준이다.

〈표 1-7〉 새로운 추월 전략

구분	전통적 추월 전략	과도기 추월 전략	새로운 추월 전략
발전 목표	고속성장 추구, 영국과 미국 추월, 2000년 4개 현대화 실현	물질 중심, 고도성장 추구, GDP 4배	인간 중심, 인류 발전 촉진, 지속 성장 유지
축적과 소비 관계	고축적, 저소비, 생산성 투자 강조	비교적 고축적·소비자극, 하드웨어 투자	소프트웨어 투자 강조 인적 자본 투자 강조
산업 발전 구조	중공업 우선, 군사 공업 우선	비교우위 이용, 산업 구조 조정 과학기술흥국 전략	비교우위 충분한 이용, 구조 변혁 촉진, 지식정보 발전 전략
공업화 기술 노선	기술의 자주 개발, 자본집약형 기술 노선	기술의 개발과 도입 결합, 노동 집약형 기술 노선 강조	인적 자본 개발과 도입, 다요소 결합형 기술 노선
국내, 국제시장 관계	자급자족과 자력갱생, 수입대체, 국내 자원과 시장 의존, 국내 보호주의	대외개방, 수출 주도 성장, 두 자원·두 시장의 이용, 무역·투자의 점진적 자유화	세계경제 일체화 참여, 국제경쟁력 제고, 국제자원, 시장, 자본 이용, 기술 무역과 투자 자유화
인간과 자연의 관계	자원 고소비	선오염, 후정비(治理)	지속가능한 발전
소득 배분 관계	평균주의	선부론	공동부유론
도시와 농촌 관계	도농 분할	도농 차이 확대	도농 차이 축소
경제체제	계획경제 기초	시장메커니즘 도입	시장경제 기초

출처 : 胡鞍鋼(2000, 263).

을 도모하고자 하는 전면적 소강사회 건설의 후속전략이기도 하다. 16기 3중 전회 이후 이러한 구상은 인본주의나 과학 발전관을 제기하면서 빠르게 있다. 따라서 향후 발전 전략도 〈표 1-7〉과 같이 지속가능한 성장, 지식정보화 시대에 따른 변화, 그리고 조화를 특징으로 하는 새로운 추월 전략으로 나타나고 있다.

그러나 중국이 이러한 국가전략을 통해 달성한 2020년의 중국 사회가 양적인 경제성장에 걸 맞는 질적인 성장을 달성할 수 있을 것인가는 〈표 1-8〉과

<표 1-8> 21세기 전반 50년 선진국과 중국의 현대화(일부) 지표 비교표

구분	2000		2010		2020		2030		2040		2050	
	선진국	중국	선진국	중국	선진국	중국	선진국	중국	선진국	중국	선진국	중국
R&D 경비/GNP(%)	2.3	1.0	2.5	1.5	2.8	2.0	3.1	2.4	3.4	3.0	3.8	3.6
과학기술자 수/만 명	33	5.5	36	8	40	12	44	18	49	26	54	39
특허/백만 명	790	20	873	52	964	112	1,065	201	1,176	359	1,299	643
중등 보급률(%)	100	63	100	77	100	85	100	89	100	94	100	99
대학 보급률(%)	60	7.2	66	15	73	24	81	34	89	48	99	68
TV 수/천 명	641	293	708	434	782	583	864	644	954	711	1,054	786
인터넷 가구 수/백만 명	2,988	178	6,000	1,000	7,000	2,000	8,000	3,000	8,500	5,000	9,000	8,000
도시인구비(%)	79	36	81	44	84	53	86	61	87	71	89	81
의사 수/천 명	3	1.7	4	2.1	4	2.5	5	2.9	5	3.4	6	3.9
영아 생존율(%)	99.4	96.8	99.6	97.2	99.6	97.8	99.7	98.3	99.7	98.8	99.7	99.1
평균수명(세)	78	70	80	72	83	74	84	77	86	79	88	81
1인당 석유에너지 소비(천g)	5,448	868	5,900	1,285	6,264	1,902	6,584	2,556	6,784	3,335	7,131	4,616
1인당 GNP	27,680	840	37,200	1,435	45,346	2,451	50,090	3,992	55,331	6,503	61,120	10,593
1인당 PPP	27,770	3,920	37,321	7,020	45,494	11,434	50,253	15,368	55,511	20,653	61,318	27,756
2차산업 증가치(%)	32	67	29	55	26	45	24	37	21	30	19	24
2차산업 노동력 비중(%)	30	73	27	60	25	49	22	40	20	33	18	27

주 : 1인당 GNP, 1인당 PPP는 2000년 기준 달러 환율로 환산.
출처 : 胡鞍鋼(2000, 263).

같이 의문이다. 정상적인 목표를 달성한 2020년의 중국의 모습이 선진국의 삶
의 질이나 성장의 질과 비교해 보면 여전히 낙후된 현대화 양상이 나타날 것
으로 평가할 수 있다. 이렇게 보면 중국은 다시 험난한 현대화 과정을 반복해
야 하는 과정에 빠지게 될 것이다.

제2장

국가대전략의 환경

중국은 15세기에서 19세기 말까지 세계경제의 중심이었다. 이후 중국은 급격한 쇠퇴를 겪었고 1978년부터 시작된 개혁개방 정책을 계기로 다시 세계 경제의 중심을 향해 추격하고 있다(門洪華 2005, 3). 이런 시각에서 보면 중국의 대국 부흥기는 대체로 2020~2050년에 나타날 가능성이 있다. 실제로 중국은 강대국의 자질을 상당히 갖추어 가고 있고 전 지구적 군사 투사력과 내부 통제력의 조건을 제외하면 강대국으로 불릴만한 요건을 다수 만족시키고 있다.[1] 그러나 중국의 대국 부상의 길과 지속 성장의 길에는 많은 난관이 존재한다. 경제 발전과 정치체제의 모순을 고려하지 않더라도 인구문제로 야기되는 노령화,[2] 실업, 자원 부족은 물론이고 사스(SARS)와 같은 질병이 가져다 줄 구조적 요인 등이 상존해 있다. 이러한 위험 때문에 대외 관계에서도 시장경제, 유엔 체제, 글로벌 문명이라는 조건에서 장기적 맥락에서 다극화를 추구하거나

---

[1] 중국이 비록 2류 국가(second-rank power)라는 지적(정재호 2006, 50)이 있음에도 불구하고, 중국이 완전한 권력 또는 포괄적인 권력(complete power or comprehensive power)의 잠재력을 가지고 있다는 견해(Funabashi, Oksenberg & Weiss 1994, 2)에 동의할 수는 있다.
[2] 중국은 세계 7%의 경지와 7%의 수자원으로 13억 명의 인구를 부양하며 세계 2~3%(2003년 3%)의 공공 재정 자원으로 13억 명에게 세계 최대 규모의 교육, 의료 위생 등의 공공서비스를 제공한다. 중국은 세계 1/4의 노동자에게 일자리를 제공하며 세계 1/5의 노인 인구에게 양로 보장과 사회 서비스를 제공하는 등 세계 최대 인구가 중국 발전에 거대한 압력이 되고 있다(胡鞍鋼·王亞軍 2005, 7-11).

방어적 현실주의의 입장에서 외부 환경의 안정화에 주력하고 있다.

개혁개방 이후 중국은 현실에 대한 솔직한 인식에 기초하여 유연한 이데 올로기를 구축하고 성장과 고용 사이에는 전형적인 교환관계(trade off)가 존재 한다는 불균형 성장을 추구했고, 2001년 WTO에 가입하면서 중국 경제를 공 식적으로 자본주의 경제에 접속시켰다. 그러나 양적 성장과 대외개방형 발전 모델이 새로운 조정을 요구받고 있다. 후진타오 체제가 출범하면서 '사회주의 신농촌 건설'이나 양극화 해소에 정책의 우선순위를 두고 있는 것도 이러한 위 기의식의 소산이다. 왜냐하면 중국의 위기는 단순히 성장의 지체로 그치는 것 이 아니라, 농민-농촌-농업이라는 이른바 삼농위기와 실업 문제, 사회적 불평 등의 확산, 에너지와 자원의 위기, 환경 파괴의 위험, 노동력 구조의 왜곡 등을 수반하면서 중국 사회주의 존재 방식 자체를 근본적으로 문제 삼으면서 발전 할 수 있기 때문이다.[3]

이것은 향후 중국의 발전 과정이 경제 개혁 → 고도성장 → 사회구조의 변 화 → 국민 의식의 변화 → 정치 발전이라는 순차적 발전과는 다른 길을 걸을 수도 있다는 것을 의미한다. 다시 말해 중국의 경제성장이 정치 발전을 촉진 할 수도 있으나, 경제성장이 둔화되거나 침체기로 접어들 경우 정치안정을 악 화시킬 수 있는 가능성이 나타나고 있다. 일반적으로 1인당 GDP가 1천 달러 수준의 국가에서는 3차산업이 발전하지만 인구·자원·환경 압력이 가속화되 고 소비 구조에서 중대한 변화가 발생하며, 사회적으로도 이익 분화, 소득 격 차의 확대 등 사회적 모순이 심화된다. 이런 점에서 1인당 GDP 1천 달러에 진 입한 이후 중국은 한국형 황금 발전 모델과 '성장하지만 발전하지 않는' 라틴

---

3 실제로 중국 전문가들은 공무원을 상대로 한 국무원의 강좌에서도 당의 집권 기초와 정부의 대중 적 기초가 건국 이후 이렇게 위약한 상황에 처한 적은 없었다고 분석하면서 특단의 대책을 요구하고 있다. 예컨대, 2003년 후안강의 국무원 강좌 원고는 胡鞍鋼(2004, 1-59) 참고.

아메리카 현상 사이의 갈림길에 서 있다고 할 수 있다(連玉明 2005, 5-6).

따라서 이러한 다양한 병목현상을 주목하면서 중국의 발전에 대한 기적 (miracle), 신화(myth) 그리고 거품(bubble)에 대한 과도한 일반화와 중국 기회론과 중국 낙관론의 근거를 재검토할 필요가 있다.[4]

1. 중국의 발전을 보는 시각

중국 경제를 보는 시각은 개혁개방 초기에는 비관론이 주도하였으나, 중국이 해외직접투자와 공공투자의 확대, 민간 소비의 급증, 수출 확대에 힘입어 성장을 지속하여 세계의 시장으로 급부상하면서 낙관론이 크게 부상했다. 그리고 이러한 낙관론은 자국의 경제에 미치는 영향을 중심으로 중국 위험론, 중국 협력론, 중국 기회론 등으로 분화되었다. 그러나 21세기 들어 중국 경제가 과열의 징후를 보이면서 중국 경제 거품론과 불안정론이 다시 부상하고 있다.[5] 따라서 향후 중국 경제에 대한 전망은 중단기적으로 거품이 발생할 가능성과 발전을 지속할 것이라는 견해가 공존하고 있다. 그러나 이러한 낙관론과 비관론 모두 중국이 안고 있는 경제적 모순을 해결해야 한다는 것을 동시에 전제하고 있다.

---

4 중국의 부상과 연착륙 여부가 미국과 세계에 미치는 영향을 다룬 것으로 *The Ripon Forum* 2005 (Vol. 39, Vol. 4)를 참고.
5 중국 위협론과 중국기회론 사이에 많은 논쟁이 있었고 중국 경제 전망에 대한 견해 차이도 존재한다. 최근의 논쟁은 낙관론과 비관론에 대한 담론 경쟁이라기보다는 경제적 모순이 있다는 것은 인정하면서 그 해법에 대한 논쟁으로 발전하고 있다. 최근 각종 경제 전망에 대한 논쟁의 경과에 대해서는 上海福卡經濟豫測研究所(2004, 14-22) 참조.

중국 경제 낙관론은 중국기관차론(火車頭論)이 대표한다. 즉, 미국 중심의 성장은 이미 한계에 왔기 때문에 2010년 중국과 인도는 새로운 세계경제의 엔진이 될 가능성이 크고, 중국이 주도하는 동아시아 경제가 세계경제 발전의 원천이 될 것이라는 주장이다. 중국 경제 낙관론자들이 주장하는 성장의 원동력은 일반적으로 다섯 가지로 구분할 수 있다. 첫째, 도시화 건설을 통해 유효한 공급을 제공할 뿐 아니라, 이러한 전략을 '농촌·농민·농업'이라는 삼농(三農) 문제를 해결하기 위한 근본적인 출구로 삼고 있다. 둘째, 민간 투자는 정부 투자에 상응하는 투자원이 되고 있으며 2002년 이후 정부가 규제를 지속적으로 풀고 있다. 셋째, 5~10년 내 외자가 지속적으로 유입되어 지속적인 성장 기반을 제공할 것이다. 넷째, 선진국 소비 시장은 점차 포화되는 반면, 중국은 13억 명 인구와 중산 계급의 부상을 통해 소비 시장이 점차 확대되고 있다. 다섯째, 질 높고 저비용의 노동력을 통한 제조업 성장이 지속될 수 있고 이것은 WTO 가입 이후 상당 기간 중국 경제성장의 중요한 동력이 될 것이다.[6] 다섯째, 서부대개발, 동북진흥 정책, 중부 지역 부상이라는 정책 수단을 통해 불균형한 지역 경제를 타파하기 위한 정책적 노력을 기울이고 있다는 점이다.

그러나 중국 경제를 비관적으로 보는 견해는 우선 중국의 경제통계가 기본적으로 과장되어 있다고 본다. 무엇보다 지방정부 간부들이 중앙으로부터의 높은 고과를 얻기 위해, 성과를 과장하고 있기 때문에 이를 신뢰하기 어렵다는 것이다.[7] 또한 중국 경제는 고속성장과 동시에 통화 긴축이 초래되고 있

---

6 중국은 이미 제조업 총량에서 세계 4위, 제조업 중에서 가전 산업을 포함한 172개 품목의 생산량은 세계 제1위이다.

7 1997~2000년 사이 『中國統計年鑑』에 따르면 중국의 실질적 GDP는 24.7% 성장했으나 이와는 반대로 에너지 소비는 12.8% 감소했다. 즉, 에너지 소비 증가와 경제성장 사이에는 함수관계가 있는데, 에너지 소비의 통계를 정확히 계산한 후, 에너지 소비 증가율을 통해 중국의 GDP를 측정해야 한다고 주장한다. 이런 점에 비추어볼 때 중국의 실질적 경제성장은 관변 통계와는 매우 다를 수 있다는 것이다(Gilly 2001, 14-19).

으며 국내 소비가 심각하게 부족한 상태에서 낮은 상품가격으로 만든 과잉 상품을 해외시장으로 수출하여 타국의 화폐 압력을 증대시키는 악순환을 만들어 내고 있다는 지적도 있다.[8] 더 나아가 지불 능력이 없는 퇴직금 부담과 국유 은행의 부실이 2000년 GDP의 147%에 달한다는 현상을 주목하면서 중단기적으로 경기 하강 국면이 나타날 것이라는 시나리오를 제시하기도 한다. 이러한 중국위기론의 또 다른 버전으로 중국 한계론이 있다. 즉 은행 부실, 실업 문제, 지역 차이, 환경오염 등의 문제를 중단기적으로 해소하기 어렵기 때문에 안정적 성장은 불가능하다는 것이다. 중국 한계론은 주로 중국의 정치제도가 미국보다 우월하지 않아 시장경제가 건전하지 못하고 과잉투자와 저효율로 인해 고속성장의 신화가 무너질 것이라는 제도학파의 견해를 대변하고 있다. 따라서 이들은 중국 경제의 어려움을 풀 수 있는 해법으로 좀 더 유연한 제도, 즉 미국화된 시장경제 체제를 건립해야 한다고 주장한다. 이 밖에 중국 공포론(블랙홀론 : 黑洞論)이 있다. 말레이시아 마하티르 총리의 견해와 같이 중국의 경제성장은 동아시아 자원을 흡수하는 블랙홀이 되고 있으며, 그 결과 중국 경제가 지속적으로 성장하는 한 타이완, 한국, 아시아 자본을 흡수하여 제2차 아시아 금융위기를 초래할 것이라고 보고 있다. 특히, 화교 자본을 포함한 동남아 외자가 중국으로 가고 있고 이것이 동남아 경제에 마이너스 성장을 가져다 줄 것이라고 본다. 이와 유사한 견해로 세계 모든 제조업이 중국에 투자하고, 저임금 노동을 이용하여 소비 제품을 생산하고 세계시장에 판매하면서 중국이 모든 것을 흡인한다는 자기장론(磁吸論)도 있다.[9]

---

8 이에 대한 논쟁과 변호에 대해서는 胡鞍綱(2004, 136-144), *China and World Economy* (2003) 참조.
9 이럴 경우 타이완은 대륙 '흡인'의 최대 피해자이다. 대륙의 인재와 자본이 많아지고 대륙 시장이 개방되면 단번에 절반이 흡수될 것이다. 대륙의 흡인 작용을 피하기 위해 타이완은 미국, 일본과 FTA를 체결해야 한다고 주장한다.

이러한 중국 경제의 구조적 요인을 극복하기 위한 다양한 견해들도 제기되고 있다. 예컨대 모든 수단을 동원하여 무역수출을 촉진하여 중국 경제를 안정화해야 한다는 대외무역주의, 재정 정책을 일단 정지하면 중국 경제가 위험에 빠질 것이라고 보는 재정론, 실업으로 인한 사회적 균열과 WTO 가입 이후 중국의 부유한 지역은 세계와 접속하였으나 사회의 다른 부분은 이 궤도에 접속하지 못한 사회적 단열이 심각하기 때문에 이를 극복해야 한다는 단열론(斷裂論) 등이 그것이다.

2. 중국 발전의 병목 요인과 구간

중국 사회주의의 미래와 관련하여 경제 발전과 정치 발전의 부조화가 결국 중국의 사회주의 존재 방식을 제약할 것이라는 견해가 집중적으로 논의되어 왔다. 사실 중국에서는 확대된 경제 공간에서 교육과 경제적 독립성을 지닌 중간계급이 출현하고 있으나 정치 참여는 여전히 제한되어 있다. 경제 운영에서도 진정한 의미의 자유무역보다는 중상주의적 접근을 시도하고 있고 '독재'(dictatorship)의 이름으로 서방세계에 정상국가로 인정받으려는 시도를 하고 있다. 이 과정에서 역사적·이념적 정통성 대신에 경제적 성취를 통한 체제 정당화(performance legitimacy)를 통해 지체된 정치개혁을 합리화했으며 정치사회 영역에서 나타나는 민주주의의 과제들은 경제 발전 과정에 나타나는 일종의 '성장통'으로 간주하였다. 그러나 1990년대 중반 이후 중국형 신자유주의가 확산되고 중국이 자본주의 국제경제에 완전하게 접속하면서 정치 발전과 경제 발전의 차이가 핵심적인 쟁점으로 등장하고 있으며, 이 과정에서 새로운 유형의 구조적 병목이 발생하고 있다.

그리고 이것은 일시적이 아닌 구조적인 성격을 띠고 있다. 즉 경제성장의 질을 담보하면서 산업구조의 고도화가 지속될 수 있을 것인지, 정치와 경제의 부조화를 정치적 기술과 정치적 권위를 통해 조정하는 것이 언제까지 가능할 것인지, 갈수록 확대되는 지역간·계층간·도농간 격차에 의한 체제에 대한 신념의 위기에 대해 사회주의적 해답은 무엇인지, 과거 질서 있게 관리되던 집단 항의 사건이 구조적 위기와 결합하여 발생할 경우에 효과적으로 대비할 수 있는지, 호구제도의 철폐와 농업의 구조조정을 통한 생산성 향상이라는 근본적 과제에 직면한 삼농 문제에 대한 해법은 무엇인지, 기술이 성장을 주도하면서 '고용 없는 성장'이 지속될 경우 실업과 저임금노동 이에 따른 빈곤의 악순환을 어떻게 타개할 것인지, 사스와 조류인플루엔자(AI) 그리고 에이즈와 같은 전염병이 중국 경제에 미치는 영향을 어떻게 관리할 것인지, GDP 통계에 잡히지 않은 환경오염과 농지 오염 등의 사회적 비용을 어떻게 감당할 것인지, 중국 위협론을 지속적으로 전파하는 외부로부터의 정치적·경제적 압력에 대한 효과적인 대응 능력은 있는가에 대한 것이다.

중국의 지속 성장의 병목과 관련한 연구는 대상 영역이 지나치게 방대하기 때문에 종합적인 연구도 상대적으로 제한되어 있다. 주목할 만한 정책 연구로는 『이코노미스트』(*The Economist*)가 발행하는 『이코노미스트 인텔리젠트 유닛』(*The Economist Intelligence Unit*)이 있다. 이에 따르면 2026년까지 미래 중국은 점차 '늙은' 중국에 가까워지면서 성장 속도가 둔화될 것이고 사회적 소요가 급속하게 증대될 것으로 예측했다.[10] 그리고 미국의 국가정보위원회(National Intelligence Council)의 보고서인 『글로벌 미래의 지형』(*Mapping the Global Future*)이 있다. 이에 따르면 중국의 병목은 경기 후퇴(economic setbacks)

---

10 http://www.economist.com(검색일 : 05/11/18).

<표 2-1> 중국 경제성장률에 미치는 불확실한 요인 (2005~2015)

유형	경제성장률에 대한 부정적 영향(%/년)	
	2002년 분석	2003년 분석
1. 실업, 빈곤, 사회 혼란	0.3 ~ 0.6	0.3 ~ 0.8
2. 부패의 경제적 영향	0.5	0.5
3. 에이즈, 전염병 요인	1.8 ~ 2.2	1.8 ~ 2.2
4. 물 부족과 오염	1.0 ~ 2.0	1.5 ~ 1.9
5. 에너지 소모와 가격 상승	1.0	1.2 ~ 1.4
6. 취약한 금융체계, 국유기업	0.9 ~ 1.3	0.5 ~ 1.0
7. 해외 직접 투자의 하락 가능성	0.8 ~ 1.6	0.6 ~ 1.6
8. 타이완 해협과 기타 지역적 충돌	1.0 ~ 1.3	1.0 ~ 1.3

출처 : Rand(2002)와 Wolf & Yeh etc.(2003) 도표를 재구성.

와 신뢰의 위기(crisis of confidence)에서 발생할 가능성이 있는데, 중국이 고용 창출을 통해 대중의 욕구를 만족시키지 못하면 정치적 소요 사태가 일어날 가능성이 높다는 점에서 고용위기를 가장 우선적인 병목현상으로 보았다. 한편 OECD의 보고서인 『중국경제보고』(*Economic Review China*)에서는 도농 간 소득 격차, 도시화, 환경오염 감소를 위한 복지증대 등을 중국이 지속가능한 성장을 추구하는 데 있어 핵심적 병목요인으로 설정하였다. 중국의 병목에 관한 가장 포괄적인 보고서라고 할 수 있는 것은 미국의 랜드(Rand) 연구소의 『중국경제지형의 균열대』(*Fault lines in China's Economic Terrain*)이다. <표 2-1> 같이 2005~2015년 사이 중국 경제 성장률에 미치는 수준을 여덟 개의 균열대(fault lines)와 이에 따른 세 개의 단기 및 중기 과제를 제시하였다. 여덟 개의 균열대는 실업·빈곤·사회혼란, 부패, 에이즈와 전염병, 수자원 부족과 오염, 에너지 소모와 가격 상승, 취약한 금융체계와 국유기업의 문제, 해외직접투자의 저하, 타이완 해협과 지역충돌 등이다. 이에 의하면 여덟 개의 균열대가 발생하지 않을 가능성을 낮게 보았다. 한편 이 프로젝트에 참여했던 울프(Charles Jr. Wolf)는 여덟 개의 균열대 외에 3대 중단기 과제를 제시하였다. 첫째, 경기과열 혹은 연착륙. 둘째, 위안화 평가절상. 셋째, 성장, 생산성과 고용이 그것이다(Wolf 2004). 이러한 위기군이 동시에 발생하여 경제성장에 2~3%의 부정적 영향을 미칠 경우 성장 둔화, 고용 감소, 사회문제의 확산과 같은 위기의 도미노를 초래할 가능성이 있다는 점이고 중국 내에서도 2010년 전후를 '위기 다발기'로 보고 있다.[11]

1) 병목 요인과 구간

중국의 병목구간을 구체적으로 보면 대외적으로 보호무역주의, 에너지 확보와 세계적 시장 경쟁이라는 국제경제 환경의 변화, 비전통적 안보 영역을 포함한 국가안보의 도전, 비정부기구의 확대와 국제테러주의 확산, 미국의 대중국 봉쇄 정책 등이다. 대내적으로는 국유기업의 채산성 악화, 부실채권, 직접 금융시장의 미성숙, 재정 적자, 지역 간 격차, 디플레이션, 위안화 자유화 등의 경제문제 등이 있다.[12] 이 밖에도 사회주의 정치체제의 한계, 인구·식량·에너지 등 자연자원의 부족, 환경오염·수자원 오염과 부족 등 환경 문제, 사회적 불균형, 부패, 사스와 같은 전염병의 확산 가능성, 사회적 기풍과 사회 치안 등 사회적 문제, 과학기술 수준의 한계 및 인적자원의 질 등 성장 잠재력의 한

---

11 이때 위기가 발생할 수 있는 영역은 사회·금융·경제·취업의 영역이고 부패문제는 이러한 위기의 도화선이 될 것으로 예측하는 시각도 있다(『領導決策信息』 2004).

12 지속적으로 확대되고 있는 불량 채권 문제는 2004년의 경우 불량 채권의 손실을 국유 은행이 처리하지 못하고 국채를 발행하여 처리하여 재정 적자를 확대하고 국채의 발행고가 증가되었다. 더욱이 국유기업 문제를 해결하기 위해 민영화와 주식회사 상장이라는 조치를 취했으나, 주식시장에서 실패하고 있다. 대부분의 국가에서 고도성장기에 주식시장의 수익률이 경제성장률을 상회했으나 상하이 A주 지수의 2004년 수익률은 최고점을 기록한 2001년 6월에 비해 40% 하락한 -7.6%였고 국내 투자가들이 참여하는 상하이 B주의 경우도 2001년 고점 대비 1/3 수준으로 하락했다는 지표도 이런 현상을 입증해 준다.

계 등이 있다(郭萬超 2004, 2; Wolf & Yeh et al 2003; 汝信·陸學藝·李培林 2004, 2; Shambaugh 2000, 16-17). 위에서 열거되지 않는 요소로 도박, 매춘, 독성 물질의 범람, 절도, 폭력, 성비 불균형, 의료 문제, 도시 빈곤, 범죄율 상승, 집단 시위, 광산 사고의 빈발, 대학 졸업생의 구직난, 유동 인구의 자녀교육 문제, 노동권의 악화, 소수민족의 정체성 위기, 지식인 문제 등도 제기되고 있다(王夢奎 2005a, 376).

이러한 병목요소들은 일시적·단계적인 것도 있고 장기적·구조적인 것도 있으며, 다른 병목요소들로부터 파생된 것도 있다. 특히 자연환경에서 초래되는 수자원 부족과 오염문제, 에이즈와 같은 요소들은 당정의 정책 수단을 넘어 발생할 수 있다는 점에서 문제의 심각성이 존재한다.

(1) 경제성장과 정치체제의 병목

중국은 〈표 2-2〉와 같이 성장의 잠재력과 발전의 도전을 동시에 안고 있다. 중국에는 개혁개방 과정에서 형성된 대중의 지원과 기대, 국내 내수 시장 기반의 확대와 국제경제에 대한 편입 요소들이 작동하고 있다. 그러나 중장기 발전 전략을 추구하는 데 있어 기존의 성장 우선, 효율 우선, 선부론 전략은 더 이상 유효하지 않으며, 사회적 형평과 경제 효율의 병존, 공동 부유, 지속가능한 발전으로 옮겨와야 하는 과제에 직면해 있다. 이것은 중국 경제 발전 전략의 질적인 변화를 요구하는 것이기도 하다.

특히, 중국은 발전 전략에서 구조적인 어려움에 식년해 있다. 실제 중국은 인플레이션 없는 성장을 기록하고 있다. 2005년 기준 최근 5년 동안 소비자 물가지수는 연평균 1.2%에 불과했으나 GDP 성장률은 8.55%였으며 계층 간 소득 불균형을 나타내는 지니계수는 위험 수준인 0.4를 넘어 0.454 수준에 달하

<표 2-2> 중국 경제 발전의 장단점

영향 요소	유리한 요소	불리한 요소
제도 요소	지도부 교체가 가져온 발전 효과 중국 지도부의 학습 능력	경제 체제 조정이 직면한 문제 추월 전략이 시장경제 체제의 건립을 제약함. 부패
사회 요소	개혁에 대한 대중의 기대 올림픽과 상하이 엑스포 성공이 가져올 발전에 대한 기대효과	빈부 차이 실업 대중의 불만 정서
영역 요소	부분적 자원 우세 민영 자본의 발전	금융위험 생태 환경 파괴
충돌 요소	층차적 지역 발전 모델이 가져온 거대한 국내 시장의 흡수력	타이완 독립, 티베트 독립, 신장 독립, 잠재적 영토 분쟁
국제 요소	지역 경제 전략이 가져온 효과 WTO 가입의 경기 효과	불안정한 세계경제 정세 중국의 WTO 가입 조정 비용 불안정한 중국 주변 정세

출처 : 門洪華(2005, 121; 2004, 58).

는 등 불평등이 확산되었다. 그리고 상위 0.6%의 가구가 전체 부의 60%를 독점하고 있다(國家改委宏觀經濟研究院課題組 2004).[13] 이것은 다른 개발도상국의 경험에 비해서도 매우 위험한 수준이다. 따라서 <표 2-3>과 같이 중국이 이러한 전환기적 과제를 어떻게 극복하는가 하는 점은 미래 중국과 관련해 중요한 의미를 지니고 있다.

첫째, 경제제도의 전환 문제이다. 중국은 지령성 계획경제에서 현대적 시장경제로 전환하고 있다. 이 과정에서 경제성장률과 노동생산성의 저하, 인플레와 대량 실업의 발생, 재정 적자와 국제 채무의 급증, 거시경제의 불안정, 사회적·정치적 불안정의 출현이 나타나고 있다. 둘째, 사회 유형의 전환 문제이

---

[13] 이 밖에도 Lardy(2006) 또는 http://www.morganstanley.com/GEFdata/digests/2006202-thu.html 참고.

<표 2-3> 중국이 직면한 4대 전환과 4대 도전

유형	전환의 함의	도전 유형	도전의 특징	사회적 결과
경제체제 전환	지령성 계획경제 → 사회주의 시장경제 체제	경제 도전	경제성장 불균등, 경제성장 불안정, 대규모 인구 유동과 이전	사회집단 이익 요구 분화, 사회 질서 충격, 정치사회적 불안정 요소 증가
사회 전환	전통적 농업경제사회 → 현대 도시사회· 지식사회	사회 도전	정보 통제 이완, 정보 전파 도구 보급, 정보 유동 원가 감소	전통적 사회화(濡化), 메카니즘 약화, 외부 수입 이념 경쟁 격화
정치체제 전환	전통적 중앙집권 정치체제 → 사회주의 민주정치 체제	정치 도전	당내 이익 분화와 다원화, 당군관계·군민관계 긴장, 외부 압력 증대	부정적 기풍 성행, 부패 심각, 당 위상과 응집력 약화, 집권의 합법성 기초 파괴
개방 전환	폐쇄·반봉건 경제사회 → 개방경제·전면개 방사회	국제 도전	세계시장 의존도 증가, 외부 충격 위험 확대, 부분적 '주권' 양도	국내 위기 국제화, 손실 확대 효과, 정부의 국제 압력 수용 증대

출처 : 門洪華(2004, 85).

다. 이것은 농업 중심의 전통사회에서 제조업과 서비스업을 중심으로 하는 현대 사회로 전환하는 문제이다. 서방의 많은 개발도상국이 수 세대에 걸쳐 성취한 대전환이 중국에서는 불과 한 세대에서 이루어지고 있다. 그러나 사회보장의 수준에서 많은 문제를 노출하고 있다. 셋째, 정치적 전환의 문제이다. 시장이 만능의 열쇠가 아니기 때문에 정부의 지도적 역할이 중요하다. 특히 공공투자, 산업정책의 제정, 부와 소득 격차의 조정, 거시경제의 안정화에 크게 기여해야 한다. 그러나 경쟁적 생산, 투자영역에 대한 정부의 직접 개입을 감소시키는 한편 공공재와 공공서비스를 제공하는 정부 능력, 사회보장을 강화해야 하는 딜레마에 직면해 있다. 넷째, 국내 서비스업 시장을 개방하여 해외 투자 기업에게 '국민 대우'를 부여해야 한다. 무역자유화와 함께 국내 시장의 개방에도 관심을 기울여야 하며 각종 관세율의 인하, 관세장벽의 폐지도 필요하다. 해외 기업의 중국 시장 진출과 해외 기업의 국내 자원 개발에 대한 인위적 장벽을 제거해야 한다. 또한 중국 진출 기업에 대한 차별을 없애고 국민 대우를 부여해야 한다.

이를 위해서 중국은 경제 발전의 전략 사상을 수정해야 하고, 경제 안보에 관심을 기울여야 하며, 시장경제의 규칙에 따른 정부 기능의 전환, 경제 구조 조정 전략의 본격적인 추진, 전국적 통일시장의 건립, 환경오염에 대한 관심을 요구하고 있다.

(2) 경제의 구조적 병목

〈표 2-4〉와 같이 중국 경제는 2020년까지 연간 7.8% 수준의 고도성장을 지속할 것으로 예측하고 있다. 이것은 주로 자본축적에 근거하고 있다. 비록 GDP에서 자본 투입 비중이 하락하고 있으나, 여전히 그 영향력은 65~70%에 달한다. 요컨대 1990년대 초반까지 중국의 경제성장은 제도혁신과 기술개선 등을 통한 생산성 향상과 저축률과 투자율에 의존한 투자 증대 그리고 농업 부문에서 공업 부문으로의 노동력 배치 변화 등이 경제성장에 의존했다. 그러나 이러한 성장 유형이 한계를 드러내면서 생산성 향상을 통한 경제성장 기여도가 감소하고 농업부문에서 공업부문으로의 노동력 이동이 지체되어 비정상적으로 높은 저축률과 투자율에 기초한 투자 주도형 경제로 전환했으며 고용 창출 능력이 저하되어 고용 없는 성장이 발생하게 된 것이다. 이것이 현재 중국의 경제성장에 구조적인 한계를 가져다주는 요인이다. 이를 좀 더 세분해 보면 다음과 같이 구분할 수 있다.

첫째, 경제성장과 총량 과잉의 모순이다. 정부의 거시조절을 통한 효과적

〈표 2-4〉 2000~2020 성장률 예측 (단위 : %)

연도		2000~2005	2005~2010	2010~2015	2015~2020	2000~2020	2005~2020
GDP		8.7	8.1	7.5	6.8	7.8	7.5
성장 원천	노동력	0.5	0.4	0.2	0.0	0.3	0.2
	자본	6.4	5.6	5.0	4.5	5.4	5.0
	TFP[14]	1.8	2.1	2.3	2.3	2.1	2.2

출처 : 王夢奎(2005a, 69)

인 조정에도 불구하고 총량 과잉의 추세는 완화되지 않고 오히려 악화되고 있다. 2004년 중국의 주요 소비 제품 중에서 수요와 공급이 균형을 이루고 있는 상품은 172종으로 전체의 28.7%에 불과하며, 공급 과잉 상품은 시멘트와 철강을 포함하여 428종에 71.3%에 이른다. 이러한 공급 과잉의 결과 시멘트 산업의 경우 수익률이 77%나 하락했으며 철강 생산의 과잉도 심각한 수익률의 저하를 초래하고 있다. 중복 투자와 구조조정의 부진으로 인한 문제가 새로운 과제로 등장하고 있다.

둘째, 중국 경제가 고성장과 고비용의 국면에 동시에 접어들고 있다. 1인당 GDP 1천 달러 시대에 접어든 이후 복지 비용의 증가에 따라 비교우위는 체감되는 반면 경제성장에 따른 비용은 늘어나고 있다. 여기에 농민공들도 고임금을 요구하기 시작했으며, 이를 해결할 수 없는 기업은 도산하고 있다. 또한 중국의 경제성장은 에너지 공급 부족의 모순을 가중시키고 있다. 2020년 중국의 석유 대외 의존은 50%를 넘어 최대한 68.36%에 달할 것으로 본다. 현

---

14 경제성장은 두 가지 요소를 포괄한다. 하나는 노동-자본-토지-에너지 또는 기타 자원의 요소 투입이고, 다른 하나는 생산요소의 배치와 사용을 의미하는 총요소생산성(TFP)이다. 이런 점에서 총요소생산성 지표는 요소 투입에 비해 상대적으로 무형적인 요소라고 할 수 있다(胡鞍鋼 2002, 242).

재의 에너지 효율을 통해 5% 정도 생산 효과를 가져온다 해도 그 의존도는 각각 0.09%, 0.04%를 내리는 데 불과하다는 것이다(魏一鳴 外 2006, 91-92).[15]

셋째, 소비 구조의 고도화와 구조조정의 낙후성이다(유석진·백창재 외 2005, 99). 중국에는 매년 2천여만 명의 중간 수준의 소비계층이 늘어나고 있고, 사치품 소비자의 비중도 총인구의 13% 수준으로 늘어났다. 이러한 추세라면 2020년까지 중등 수준의 소득 계층은 약 40%에 달할 것으로 예측할 수 있다. 그럼에도 불구하고 일반 계층의 소비지출은 2002년 이후 지속적으로 감소하고 있다. 비록 2005년 상반기에 소비지출이 일시적으로 성장했으나, 이 경우도 물가 요소를 고려하면 실질 성장은 12%에 불과하고 전년 동기 대비 1.8% 성장에 그친 것이다. 이것은 소비성장이 경제성장에 비해 낙후되어 있다는 것을 반증해 주고 있다. 1993~2003년 연평균 GDP 성장은 15.3%였으나, 연평균 주민의 소비 총량은 13.8% 성장하는 데 그쳤다. 이처럼 소비가 경제성장에 미치는 비중은 2000년 이후 각각 73%, 43%, 40%, 38%로 하락하고 있다. 상대적으로 외수(外需)가 경제성장에 미치는 비중은 상승하고 있다. 2005년 상반기의 경우 9.5%의 경제성장에서 외수가 5.7%를 차지하고 있다. 그럼에도 불구하고 경제구조는 여전히 '적응성 조정'에 머무르고 있는 상태이다.

넷째, 양적 성장과 가치 성장의 모순이다. 1달러당 중국의 소모 자원은 미국의 4.3배, 독일과 프랑스의 7.7배, 일본의 11.5배에 달한다. 이러한 비합리적인 성장 방식은 이미 임계점에 도달했다. 철강, 비철금속, 시멘트 등 주요 원자재의 성장 속도는 이미 GDP 증가 속도를 넘어섰으며 원자재와 GDP 증가 사이의 비율을 나타내는 소모탄성계수도 지속적으로 확대되고 있다. 세계은행

---

15 심지어 중국의 석유 가채취량은 23억 8천만 톤으로 14년 이후에는 고갈될 가능성이 있다. 이 경우 2020년 중국의 대외 석유 의존도는 75%에 달할 것으로 보기도 한다(http://eia.doe.gov/emeu/cabs/china.html, 검색일 : 2005/6/17; 유석진·백창재 외 2005, 58-262).

의 통계에 의하면 중국의 환경위기에 따른 비용 손실이 매년 국내총생산의 8~12%에 달한다고 분석하고 있다.[16] 또 하나의 두드러진 모순은 GDP와 GNP의 차이가 확대된다는 점이다. 비록 GDP의 성장 속도가 빠르고 규모도 크지만, GDP의 절반 이상은 외자의 공헌에 의한 것이다. 중국은 각종 저렴한 요소 비용을 투입하여 20% 이하의 가치를 창출하는 데 그치고 있으며, 80% 이상의 가치는 초국적 기업이 점유하고 있다.

(3) 경제 발전과 정치 발전의 부조화

개혁개방 정책은 중국 경제의 비약적 발전을 가져왔으나 정치 발전의 속도와 폭은 상대적으로 부진했다. 그러나 개혁개방의 그늘이 드러나면서 잠복해 있던 사회적 모순들이 분출되면서 정부의 권위에 대한 도전이 집단화되는 양상이 나타나기 시작했다. 따라서 개혁의 속도와 방향을 둘러싼 당내 노선투쟁이 정치투쟁으로 비화될 가능성도 배제하기 어렵다. 이것은 세계은행이 진단한 1980년대 위기 경고의 재판이다.[17] 그리고 공산당 체제의 위기와 관련하여 당내에서는 이른바 중국 권력 교체의 역사적 경험을 반영한 '제3대, 제4대 현상'도 논의되고 있다.[18]

---

[16] 현재 각국에서 채용하고 있는 유엔 국민경제계산체계(System of National Accounting, SNA)의 결함이 나타나고 있다. 첫째, 기존의 GNP 통계로는 환경오염과 생물 다양화 등 환경문제가 오늘날 인류 복지에 끼치는 부정적 영향을 파악할 수 없으며, 자연자원의 채취와 생태 환경 파괴와 같은 장기적 비용을 반영할 수도 없다고 보았다. 이에 따라 유엔은 종합 환경과 경제 계산 체계(System of integrated Environment and Economic Accounting, SEEA) 방식을 제정하여 보급하고 있다 (http://unstats.un.org/unsd/publication/SeriesF/sERIESf-61C.pdf, 검색일 : 07/01/10).
[17] 1980년대 세계은행은 "시장과 경쟁의 확대가 효율을 향상시키고 기술의 진보를 가속화한다고 해도 실업, 수용할 수 없는 임금, 기업 도산, 노동자의 해고, 가난하고 낙후된 주민들이 더욱 열악해질 것"이라고 중국 사회를 진단했다(World Bank 1987, 181-182).

    중국은 이러한 문제를 해결하기 위해 과거 경제 발전을 지원하기 위한 제한적 수준의 정치개혁 프로그램을 넘어 민주주의의 확대에 좀 더 관심을 가지기 시작했다. 1990년대 후반 경제체제 개혁이 일정한 궤도에 진입한 이후 당정분리, 절차적 민주주의의 개선, 이념적 유연화, 당내 민주화의 확대, 권력 계승 정치의 제도화, 정책 결정 과정의 민주성과 합리성의 방향으로 이동하고 있다. 이 과정에서 중국 당정은 급격한 정치적 실험보다는 시스템 내의 변화(change in system)를 추구하고 있다(Hu 2000, 137). 실제로 중국 당정은 '3개 대표론'[19]에 근거하여 자본가 입당을 공식화하면서 공산당 개혁을 포함한 정치개혁 프로그램을 추진하기 시작하였다. 이것은 위로부터의 개혁 조치를 통해 당정이 개혁 담론의 주도권을 장악하는 한편 이를 체제정당성의 논리를 강화하기 위한 현실적 선택이었다.

    중국이 민주화에 대해 관심을 보이고 있는 것은 급진적 정치개혁과 민주화가 중국 경제의 혼란을 초래할 것이라는 점에서 예방적·방어적 의미를 지닌다. 즉, 지체된 민주화는 경제활동 공간의 확대에 따른 사회 불만 세력을 효율적으로 관리하는 데 실패하게 되고 미국 등 외부 세력으로부터의 이른바 '평화적 전복'(Peaceful evolution)이라는 압력에 직면할 가능성이 있다. 따라서 다당제 도입과 같은 체제의 정체성을 위협하지 않는 수준에서 사회주의 이념의

---

[18] 즉, 봉건사회의 권력 교체는 200여 년을 주기로 이루어졌는데 초기 50~60년은 비교적 안정적이었고, 이후 150년은 정체·부패·멸망의 시기라는 것이었다. 초기 50~60년을 '제1대, 제2대'로 보고 이후 150년을 '제3대, 제4대'로 본다면 평균 기간은 26~30년이다(劉世軍·郝鐵 川 2002, 4-11). 이렇게 볼 때, 현재 중국공산당도 건국과 건설이라는 제1세대와 제2세대를 거친 후 새로운 일치일란(一治一亂)의 주기율에 직면한 관건적 시기에 있다고 할 수 있다.
[19] 중국은 2002년 16차 전당대회와 2003년 11기 전국인민대표대회에서 '3개 대표' 중요 사상을 마르크스-레닌주의, 마오쩌둥 사상, 덩샤오핑 이론에 이어 새로운 지도강령으로 당 강령과 헌법에 명기했다. 즉, 중국공산당은 선진 생산력, 선진 문화, 광범한 대중의 이익을 대표한다는 것이다. 여기에서 선진 생산력이란 사영기업주를 비롯한 부르주아 계급의 입당을 허용하는 것으로 중국공산당의 혁신과 관련되어 있다(이희옥 2003b, 461-480).

유연한 해석, 절차적 민주주의의 도입, 인권 개선 등의 조치를 능동적으로 취하면서 '위로부터의 민주화'에 주력하고 있다. 특히 후진타오 체제는 공산당의 집정(governance) 능력을 강화하거나 현장을 중시하는 민본주의(以人爲本)를 통해 체제 정당성을 확보해 가고 있다(이희옥 2004c, 470-472). 이런 점에서 적어도 2007~2012년 후진타오 집권 2기까지는 계승의 위기 국면보다는 좀 더 안정적인 정상정치(normal politics)가 계속될 가능성이 있다. 그러나 2010~2015년의 복합적 병목구간을 거치는 과제를 짊어지고 있는 제5세대의 정치적 리더십이 효율적으로 작동할 것이라고 예단하기는 어렵다. 특히 적절한 개량적 조치로 현재의 위기를 유예하거나 위기관리에 실패할 경우 중장기적으로 경제 발전과 자유화 없는 민주화가 양립하지 못하면서 합법성의 위기가 등장할 가능성도 있다. 이런 점에서 중국 정치의 안정성은 상대적이고 과도적인 국면에 놓여 있다고 할 수 있다.

2) 사회적 병목현상

(1) 인식

중국 내 전문가들은 〈표 2-5〉, 〈표 2-6〉과 같이 삼농 문제가 사회문제의 핵심이라고 지적하고 있는 가운데 부패문제, 법제화의 지연, 경제 발전 과정의 암적 요소의 등장, 도농 간 격차, 당과 군중관계의 문제, 사회 치안 정세의 문제, 소득 차이의 확대 등도 제시하고 있다. 한편 당정 지도부들은 소득 차이와 부패의 위험성을 지적하고 있다. 그러나 소득 차이는 사실상 농촌과 도시의 소득 차이를 함축하고 있기 때문에 문제는 삼농 문제, 실업 문제, 도농 간

<표 2-5> 전문가의 사회문제에 대한 판단 (단위 : %)

문항	2003	2004	문항	2003	2004
1. 삼농 문제의 심각성	72.5	49.0	7. 사회 치안 정세의 불량	0	1.0
2. 부패 문제의 지속적인 돌출	19.3	35.6	8. 소득 격차의 상황 지속	0.9	1.0
3. 법치 건설의 진행 지연	1.8	2.9	9. 사회 도덕 수준의 문란	-	-
4. 경제 발전 중의 환부 돌출	3.7	-	10. 사회보장체제의 불비	0	-
5. 도농 격차의 확대	1.8	5.8	11. 국유기업 개혁의 지연	0	-
6. 이상적이지 못한 당군(黨群) 관계	0	2.9	12. 경기과열에 대한 이해 부족	1.9	-

출처 : 汝信·陸學藝·李培林(2004, 24).

<표 2-6> 사회문제에 대한 지도급 간부의 판단

구분	제1	제2	제3	제4	4항으로 제한한 경우	
					2003년	2004년
1. 사회 치안	24.3	5.6	3.7	4.7	32.0	38.3
2. 물가	4.7	0.9	n.a	2.8	1.8	8.4
3. 소득 차이	43.9	24.3	4.7	2.8	42.3	75.7
4. 농민 부담	4.7	15.0	8.4	7.5	37.9	35.6
5. 실업	3.7	14.0	14.0	3.7	58.7	35.4
6. 사회 기풍	1.9	14.0	12.1	9.3	28.4	37.3
7. 부패	8.4	9.3	27.1	14.0	50.9	58.8
8. 빈곤	0.9	2.8	6.5	3.7	19.8	13.9
9. 국유기업	3.7	6.5	12.1	10.3	25.1	32.6
10. 지역 발전의 차이	2.8	7.5	6.5	25.2	42.2	42.0
11. 자연재해	0.9	n.a	0.9	0.9	1.8	2.7
12. 퇴직 인원에 임금	n.a	n.a	0.9	n.a	2.6	0.9
13. 파룬궁 현상	n.a	n.a	n.a	0.9	1.7	0.9
14. 중대 사고	n.a	n.a	0.9	6.5	10.4	7.4
15. 토지 분쟁	n.a	n.a	0.9	4.7	n.a	5.6
16. 기타	n.a	n.a	0.9	2.8	15.5	3.7

주 : 순서는 4항으로 제한했을 경우 중요성에 따라 배치한 것임.
출처 : 汝信·陸學藝·李培林(2004, 37).

<표 2-7> 중국이 해결해야 할 당면 사회문제 (단위 : %)

구분	제1위	제2위	제3위	제4위	네 문항 합계
1. 빈곤 문제	20.6	3.7	2.8	n.a	27.1
2. 지역 발전 격차	17.8	12.1	8.4	3.7	42.0
3. 주민 소득 차이	16.8	20.6	5.6	5.6	48.6
4. 부패	14.0	13.1	18.7	9.3	55.1
5. 삼농 문제	8.1	8.4	6.5	20.6	43.9
6. 농민 부담 문제	7.5	3.7	3.7	1.9	17.8
7. 국유기업 문제	6.5	12.1	12.1	5.6	36.3
8. 실업 문제	4.7	10.3	9.3	6.5	30.8
9. 사회 치안 문제	1.9	4.7	9.3	15.9	31.8
10. 사회 기풍 문제	1.9	3.7	16.8	10.3	32.7

출처 : 汝信·陸學藝·李培林(2004, 49)에서 중요도에 따라 재구성.

<표 2-8> 1999~2004년 국내 사회문제에 대한 도시민의 평가

순서	1999	2000	2001	2002	2003	2004
1	실업, 샤캉	환경 문제	샤캉, 취업	샤캉, 취업	샤캉, 취업	샤캉, 취업
2	청렴 건설	실업, 샤캉	환경문제	사회보장	사회보장	경제 발전 수준
3	경제성장	자녀 교육	사회보장	환경문제	주택 개혁	주택 개혁
4	환경문제	사회 치안	경제성장	의료 제도 개혁	환경문제	사회보장
5	사회 치안	청렴 건설	주택 개혁	경제성장	경제성장	환경보호
6	취업 문제	경제성장	청렴 건설	주택 개혁	의료제도 개혁	청소년 교육 문제
7	인구문제	양로문제	사회 치안	청소년 교육 문제	청렴 건설	범죄와 사회 치안

출처 : 베이징·상하이·선양 등 10개 도시 설문조사 결과를 汝信·陸學藝·李培林 主編(2004, 64)에
서 재구성.

격차 등이 핵심이라고 할 수 있다. 당면한 해결 과제에 대한 설문에서도 이러한 요소는 좀 더 명확히 드러난다. 즉, 삼농 문제와 실업 그리고 사회적 불평등이 가장 심각한 병목이라고 지적한 비중은 전체의 75.5%를 차지한다.

이렇게 보면 중국의 전문가들과 당정 지도 간부들이 생각하는 것은 정치적 정의와 관련된 문제(정치부패, 사회치안, 사회적 기풍)와 구조적인 문제로 구분할 수 있다. 그러나 일반 도시 주민의 경우 〈표 2-7〉, 〈표 2-8〉과 같이 지도급 간부들과는 다소 다른 인식을 가지고 있다. 즉 샤캉(下崗)과 취업 문제, 급속한 노동계약제가 확대되는 가운데 형성된 사회보장(주택, 의료, 양로)의 위기 등 실생활에 직결된 문제를 가장 핵심적인 요소로 보고 있다. 이것은 급속한 경제성장에도 불구하고 실업이 늘어나고 고용 사정이 악화되고 있으며 삶의 질이 하락하는 것을 경험하고 있기 때문이다. 이러한 도시민의 경향에 미루어 볼 때 농촌 주민의 경우는 농업 생산성의 저하, 농민 유동의 문제, 도농 간 차이, 빈곤과 복지문제가 가장 중요한 관심사라고 추론할 수 있다. 문제는 이러한 요소들이 사회정치적 안정을 저해하는 휘발성이 큰 변수임에도 불구하고 근본적으로 문제를 해결하기까지는 오랜 시간이 필요할 뿐 아니라, 뚜렷한 구조적·단선적 해결방안도 없다는 점이다.

(2) 병목의 동시 발생 가능성

정치경제적 요인들과 사회적 위기요인들은 〈표 2-9〉와 같이 동시에 발생할 가능성이 있다. 병목현상이 시간적 순서에 따라 발생할 경우 중국 정부가 효율적인 정책 수단을 통해 문제를 해결할 가능성이 있다. 그러나 상호 연관되어 있는 병목요소들이 동시에 드러날 경우에는 중국 사회의 존재 방식 자체를 현저하게 침해할 가능성도 배제하기 어렵다.

〈표 2-9〉 병목의 동시 구간

구분	2005년	2010년	2015년	2020년	비고
경제성장률	연 8.7%	연 8.1%	2010~15년 7.5% 2015~20년 6.8%		2005~20년 7.5%
도시화율 (%/만 명)	42(5억 5천)	47(6억 4천)	52(7억 2천)	57(8억 1천)	도시탄성계수1.0
노동력과 실업		2013~16년 (노동력 공급 과잉 고조기)		노령 인구 23%, 노동 인구 9억 4천만(전 인구의 65%)	노동쟁의 급증 실질 실업 8% 이상
농업 잉여 노동력		연평균 2,000만 명의 이동			노동력 이전 한계 도시 부족 토지 보상
		2010년 중산계급 2억 명 (총인구 대비 15%) 약세집단 3억(장애＋실업＋절대빈곤 등)			
도시 규모		2015년 200만 도시 × 230개 소요			재원 확보 문제
정치 일정	10차5개년계획(2005), 하계올림픽 (2008)	11차 5개년 규획 종료(2010) 상하이엑스포(2010) 제5세대 지도부 등장(2012~13)			정치 리더십 문제
에너지와 수자원		에너지 위기 고조(2013~15) 물 부족, 환경오염			농지 감소 환경 파괴
질병		에이즈 환자 1천만 명 사스와 조류독감 등		에이즈 환자 2천만 명	연간 20~30% 증가

주: 경제성장률 예측은 王夢奎(2005a, 2) 참고. 2003년 현재 에이즈 환자는 약 84만 명이나 에이즈 확
산의 임계점에 와 있다. 효과적 조치가 없을 경우 2010년 1천만 명으로 예상된다(連玉明 2005, 1).

(3) 병목의 핵심 변수

중국의 사회적 병목의 핵심은 도시와 농촌 문제이다. 농촌의 경우 삼농 문
제의 축으로 등장하였고 도시의 경우 고실업의 위험이다. 이것은 단순히 도농
간 실업의 위험만을 의미하는 것이 아니라, 각종 사회적 격차를 확대하는 중
요한 변수이다. 후진타오 체제가 사회주의 신농촌 건설이라는 과제를 정책 우

〈표 2-10〉 발전의 주요 대가와 비용

유형	내용	GDP 대비 비율 (%)	계산 연도
생태 비용	자연재해가 가져온 경제 손실	3~5	1990~2000
자연 자산 손실	에너지 소모, 광산 자원 고갈, 삼림 소모, 이산화탄소 배출의 경제 손실	5~7	2000~2002
실업 비용	도시 고실업의 경제 손실	7~8	1999~2000
	농촌 농업 노동력 유휴화가 남긴 산출 기회 자본	20~33	1996~2002
사회 비용	범죄, 노동쟁의, 집단쟁의, 법률 소송이 남긴 경제 손실	7.2	1998~2002
	지적재산권 소비자 권리 침해 등이 가져온 손실	2~3	2000
부패 비용	부패, 독점 등 국민복지에 영향을 준 요소들의 경제 손실	13~17	1995~1998 /1999

출처 : 胡鞍鋼·王亞軍(2004, 7-11).

선순위에 놓았다면,[20] 이것은 〈표 2-10〉과 같은 농촌 문제의 심각성이 중국의 지속가능한 발전에 가장 치명적인 제약을 가져다준다고 보았기 때문이다.

삼농 문제

일반적으로 중국의 '농촌' 문제를 농업·농민·농촌 문제로 묶어 삼농 문제라고 부른다. 농업 문제는 식량의 수급 문제, 농업 생산성과 농업 현대화, 생태 환경의 파괴 등과 관련되어 있다. 식량 수급의 경우 식량 생산이 2005년 현재 약 4억 8천만여 톤으로 전년 대비 1.15% 상승했지만(國家統計局 編 2006, 16),

---

20 1982년부터 2006년까지 8차례에 걸쳐서 중공 중앙은 삼농 문제 해결을 1호 문건으로 채택했다 (連玉明·武建忠 2006, 6-9).

이는 10차 5개년계획 기간의 0.9% 성장에 불과하다. 그러나 중국의 식량 총수요는 매년 0.8%씩 증가하고 있고 향후 2~3년간 식량 생산이 증가하고 있기 때문에 콩과 일부 소맥의 수입이 안정적으로 이루어진다면 기본적으로 안정을 이룰 수 있다(馬洪·王夢奎 2005, 243). 물론, 경작지 감소 등 장기적으로 식량 부족이 발생할 수 있다. 그러나 수입이 완만하게 증가하고 있고 외화 부족 현상이 발생하지 않는 한, 식량 문제 자체가 당면한 위기로 작동할 가능성은 크지 않다. 한편 현재 농업 생산성을 결정적으로 제약하고 있는 요소는 과잉 노동력의 문제이다. 개혁개방 이후 이미 1억 2천만 명에서 1억 5천만 명 정도가 농촌을 떠났다. 2006년 말 현재 중국 농촌의 약 4억 8,090만 명의 노동력 중에서 약 1억 4,680만 명은 향진기업이나 외지에서 비농업 생산 부문에 취업하였다. 이렇게 보면 2005년 말 현재 순수 농업에 종사하는 노동력은 3억 3,410만 명에 달한다(國家統計局編 2007, 43). 그러나 현재 농업 생산성에 비추어 볼 때, 약 1억 5천만 명에서 1억 8천만 명 정도가 적정한 농업 노동력이고, 1억 6천만 명에서 1억 9천만 명은 사실상 과잉 농업 노동력이라고 할 수 있다. 더욱이 농업 기술이 발전함에 따라 농업 노동력의 배출 압력은 더욱 가속화될 것이다. 2006년 말 기준으로 1차산업에 종사하는 42.6%의 노동력이 GDP의 11.8%를 공급하는 데 그치는 등 농업의 노동생산성은 제조업과 서비스업 분야의 노동생산성에 비해 4~5배나 떨어지고 있다. 극단적으로는 농업 생산성을 선진국 수준으로 높일 경우, 19억 무(畝)의 토지에서 4억 8천만 톤의 식량을 수확하는 데 필요한 노동력을 4천만 명에서 6천만 명 수준으로 보기도 한다.

농촌 문제의 경우, 향진기업 현대화의 실현 가능성, 지방정부와의 유착, 부진한 내륙 파급 효과 등이 구조적 변수와 함께 농촌 지역에서 발생하는 열악한 생활환경과 관련된 문제를 포괄한다. 특히 농촌에서는 자본 공급의 심각한 어려움이 발생하고 있다. 농촌의 구조조정이나 농촌의 비농산업을 발전시키는 데는 금융 지원이 시급하지만, 농촌 금융 체계의 개혁은 상대적으로 매우 부진하다. 특히 농촌 금융기관의 자본 부족, 서비스 체계의 불안정, 농촌 신용 자금의 공급 부족 등의 문제가 해결되지 않고 있다. 현재 농촌에서는 주로 농촌 신용사를 중심으로 자금 지원이 이루어지고 있으나 전국적으로 약 25%의 농가만이 대출을 받을 수 있는 상황이다. 또한 농촌에서 약 2천만 명이 전기를 공급받지 못하고 있으며 전체 농민의 1/3 이상이 넘는 3억 2천만 명이 식수난을 겪고 있다.

농민 문제의 경우, 농가 소득 향상의 어려움과 국민으로서 누려야 할 권리와 혜택을 받지 못하는 데에서 삶의 질의 하락 문제가 발생한다. 더구나 중국이 WTO에 가입한 이후 농산품 가격을 대폭 높여 농민 소득을 높이는 방식의 정책을 사용하기가 어려워졌다. 그리고 농민의 일상생활을 지배하고 있는 또 다른 문제는 과중한 부담금(攤派) 징수 문제이다. 이것은 토지 수용을 둘러싼 갈등과 함께 농민 시위의 주요한 이슈이기도 했다. 이 밖에도 농업의 과잉 노동력을 안정적으로 도시로 전출시키지 못하는 상황에서 농촌 생활 개선의 문제가 시급한 현안으로 대두되었다. 특히, 농민이 자체적으로 해결해 온 의료와 교육, 보험의 문제는 상대적 박탈감을 증폭시키는 한편, 농촌 저소득층과 빈곤 현상도 급증하고 있다. 농촌의 저소득 인구는 5,617만 명으로 농촌인구의 6%를 차지하고 있다(北京國際城市發展研究院 2005b, 1177). 그리고 2006년 기준 농촌의 절대 빈곤 인구는 전년 대비 217만 명이 줄어든 2,148만 명으로 빈곤 발생률은 2.3%에 달한다. 이것은 1인당 693위안이라는 표준에 근거했을 경우이다(國家統計局 編 2007, 116). 이처럼 농민 소득의 증가폭이 지속적으로 하락하고 있고 빈민 인구가 속출하고 있음에도 불구하고 현재와 같은 산업 전략을 통해서는 이를 단기간에 개선하기 어렵다는 점이다.

중국의 고민은 2006년 3월 개최된 전인대 10기 4차 회의에서도 '사회주의 신농촌' 건설을 핵심 의제로 설정했으나, 전체 예산의 9.6%에 달하는 3,379억 위안의 농업세는 주로 농업 구조를 개선하기보다는 농촌 근대화와 농민의 일상생활의 어려움을 해소하고 사회 불만을 무마하는 데 사용했다. 이것은 삼농 문제가 결국 호구제도의 재편과 농민의 질서 있는 도시 이동이라는 근본적인 해결을 필요로 한다는 것을 의미한다. 따라서 향후 삼농 문제의 '농업' 문제는 사회 안정에 큰 부담으로 남아 있을 것이다.

실업과 취업 문제

중국은 개혁개방 이후 연평균 약 9.5% 이상의 고도성장을 기록했으나, 취업의 증가 속도는 매우 완만했으며 심지어 감소되기도 했다. 개혁개방 초기 취업 탄성계수는 0.32였으나 1990년대에 0.1%를 기록한 이후 이러한 추세가 지속되고 있다. 실제로 중국의 GDP는 1990~2000년 10.1% 증가했으나, 취업 증가율은 1.1%로 그쳤다. 1980년대에는 GDP가 1% 증가할 때, 약 320만 개의 일자리를 창출했으나 1990년대 이후에는 약 80만~100만 개의 일자리를 만들 수밖에 없었다(張東偉·蔡昉 2004, 62-68). 2005년 경우 2000년 대비 1,200만 명의 신규 노동 인구가 증가했으며, 이 중 900만 명이 취업 대기자를 형성했다. 이 중에서 340만 명이 대학생이며, 전년도 취업을 하지 못한 300만 명을 합칠 경우 약 2,500만 명 수준의 취업 압력을 받고 있는 것이다(劉國光 外 2004, 179-183; 王尚銀 2005, 69). 따라서 실업과 고용 사정의 악화는 소득 차이를 확대하고 사회보장 체계의 부담을 가중시키는 주요 원인이 되고 있다. 또한 정상실업률과 GDP 사이의 상관관계는 1 : 2.5이다. 즉 실업률이 1% 증가하면 GDP가 2.5% 감소한다는 것을 의미할 정도로 국민경제와 사회 안정에 끼치는 파급효과가 크다(王尚銀 2005, 77). 더구나 중국의 고용 사정과 실업 문제는 중단기적으로 노동력 공급 구조, 고용 없는 성장이라는 경제 발전의 추세에 비추어 보면 뚜렷한 돌파구가 없다는 점이다. 다시 말해 1차 산업의 경우 과잉 고용, 2차 산업의 경우 과소 고

<표 2-11> 중국 인구 연령 구조 (2005~2040년, 단위 : %)

연도	0~14세	15~64세	노동력 인구	노인 부양 인구 a	노인 부양 인구 b	부양 인구 a	부양 인구 b
2005	22.40	69.97	62.55	7.63	15.09	29.96	37.45
2010	20.74	71.08	62.40	8.18	16.90	28.85	37.60
2015	19.75	70.90	61.49	9.35	18.81	29.03	38.51
2020	19.30	69.26	59.60	11.44	21.15	30.68	40.40
2030	17.57	67.09	54.72	15.34	27.76	32.84	45.28
2040	16.51	63.43	53.43	20.05	30.10	36.49	46.57

주 : 노인 부양 인구 a는 65세 이상, b는 남자 60세 여자 55세 이상; 부양 인구 a는 0~14세와 65세 인구의 합, b는 0~14세와 남자 60세 여자 55세의 합.
출처 : 胡鞍鋼·王亞華(2005, 82).

<표 2-12> 도시 주민 등기 실업률과 실질 실업률

구분	2000	2001	2002	2003	2004	2005	2006
등기 실업자 수(만 명)	595	681	770	800	827	839.0	847
등기 실업률(%)	3.1	3.6	4.0	4.3	4.2	4.2	4.1
실질 실업률(%)	8.3	8.5	8.6	n.a	n.a	n.a	n.a

출처 : 각 년도 『中國統計年鑑』, 실질 실업률의 경우 아시아 개발은행의 통계.

용이라는 특징을 지니고 있으며, 고용 창출 능력이 약화되고 있기 때문에 손에 잡히는 해결책을 단기간에 기대하기는 어렵다.

무엇보다 노동력 공급 과잉 현상이 지속적으로 확대될 것이라는 점이다. <표 2-11>과 같이 노동 연령 인구는 매년 1천만 명 이상 증가하고 있고 이러한 추세는 2015년까지 지속될 것이다. 15~59세를 노동 연령 인구로 계산한 경우 는 2013년을 기점으로 감소될 것으로 보인다. 따라서 적어도 2013~16년까지 는 노동력 공급이 지속적으로 증가한다고 볼 수 있다. 비록 2010년 이후 노동

연령인구의 규모는 완만하게 하락하지만, 전체 노동력에서 차지하는 노동연령인구의 비중은 여전히 높다. 둘째, 도시화 과정에서 매년 수많은 젊은 농촌인구가 도시에서 일자리를 찾고자 하기 때문에 미숙련 노동력의 경쟁은 가속화될 것이다. 셋째, 급속한 공업화 과정에서 산업의 구조조정이 계속되어 중급과 고급 노동력 시장의 동요를 가져오게 될 것이다. 특히, 중국이 WTO에 가입한 이후 경쟁이 가속화되고 기술이 노동력을 대체하는 효과가 빠르게 확산되고 있으며, 시장메커니즘의 발전에 따라 노동력 수요는 상대적으로 줄어들고 있다.

실업과 관련된 지표는 〈표 2-12〉와 같다. 2006년 말 기준 4.1%로 전년 대비 0.1% 감소했다. 이것은 최근 10년 사이에 처음으로 하락한 것이다(國家統計局 編 2007, 46). 그러나 엄밀한 통계를 통해 실질 실업률을 재구성하면 여전히 약 7~8%(심지어 22.9%로 추정하기도 한다)에 달한다고 볼 수 있다(Economic and Development Review Committee 2005, 65).

중국의 취업 문제를 악화시키는 이유는 인구의 자연증가율이 지나치게 높다는 점이다. 1980년에서 1999년까지 전국적으로 순수하게 증가한 취업 인원은 2억 9천만 명으로 세계 신규 노동력의 33.7%를 차지했다. 특히 1998년부터는 베이비 붐 세대의 취업 압력이 최고조에 달하는 시기에 들어섰다(中共中央宣傳部理論局 2005, 62-63). 따라서 경제성장에 따른 일자리 창출은 인구의 자연증가로 상쇄되고 있다. 취업 구조의 악화는 작업 조건의 악화를 수반하고 있다. 이른바 4초(四超) 현상인 초강도, 초부하, 초체력, 초노동 시간으로 인해 노동자의 사망 사건이 급증하고 있다. 특히 삼자기업과 사영기업 중에 외지에서 온 노동자들의 평균 노동시간은 주당 72시간(주 6일 × 12시간)에 달한다는 조사도 있다(孫立平 2004, 43).

이처럼 현재의 실업 문제는 인구구조에서 비롯되는 공급 과잉 현상과 고용 없는 성장이라는 특징을 지니고 있기 때문에 단기간에 해결될 가능성이 없고

실업자들의 저항이 끊이지 않아 중국 사회의 정치사회적 불안정성을 높이는
주요 요인이다(Cai 2001).

사회적 불평등

중국의 불평등 현상은 연해와 내륙 간의 지역적 불평등, 도시와 농촌의 차
이, 국유기업과 민영기업의 차이, 소득 차이, 업종 간 소득 격차, 농촌과 도시
내부의 격차 등으로 나타나고 있다. 이러한 사회적 불평등에 대한 시나리오는
첫째, 2차 산업이 먼저 확대되고 이후 3차 산업이 순조롭게 확대되는 표준 시
나리오가 있다. 둘째, 노동시장의 유연화가 이루어지고 정부 투자가 내륙에
집중되면서 소득 격차가 부분적으로 해소되는 낙관적 시나리오가 있다. 셋째,
연해 지역과 도시의 거품이 빠지면서 도농 간 격차가 확대되고 사회적·정치
적 대혼란이 일어나는 비관적 시나리오가 있다.

이렇게 보면 표준 시나리오가 등장할 가능성이 없는 것은 아니지만, 2020
년까지 낙관론과 비관론이 교체되면서 다양한 우회로를 거칠 가능성이 크다.
왜냐하면 1993년을 기점으로 경제성장은 소득 증가와 동반하여 진행되었다.
그러나 그 후부터는 경제성장이 소득의 양극화를 동반하는 제로섬 게임의 형
태로 전개되면서 빈부격차가 심해지고 있으며 중국이 사회적 불안정 상태에
접어들고 있다는 징후가 포착되고 있다. 빈부 차이의 수준을 나타내는 지니
계수는 중국 국가통계국이 발표한 자료에 의하면 2003년 0.46을 기록하는 등
중간 수준의 불평등 정도를 넘어선 0.458~0.52(1990년대 미국보다 높은 수준)에
달하고 있으며 이 추세는 지속적으로 상승하고 있다.[21] 중국의 지니계수는

---

21 사회학자 리창(李强)의 분석에 의하면 2004년 0.5를 넘어섰다고 주장했고, 일부 학자들은 0.6을

<표 2-13> 지니계수

구분	1978	1990	1995	2000	2004
농촌 주민	0.21	0.31	0.34	0.35	0.37
도시 주민	0.19	0.23	0.28	0.31	0.35
전체 주민	0.30	0.343	0.389~0.42	0.417	0.465~0.6

출처 : 『中國統計年鑑』등 통계자료 종합.

<표 2-13>과 같이 1980년 초(0.28) →1995년(0.38) →1999년(0.457) → 2000년(0.458) → 2001년(0.459) → 2004년(0.465)에 이르고 있다(門洪華 2005, 54). 아시아개발은행에 의하면 중국은 이미 지니계수가 0.3~0.4의 정상(normal)이 아니라 이미 0.5의 경계 상태(warn)를 넘어 사회적 동란이 발생할 수 있는 0.6의 고도로 불평등한 위험 상태(danger)로 가고 있다고 진단했다(ADB 2002;『新聞週刊』2001年 40期).

　이러한 소득 차이의 확대는 소득에만 국한되는 것이 아니라, 재화의 점유에서도 나타난다. 2002년 기준 전국적으로 상위 소득 1% 집단이 전 사회 총소득의 6.1%를 가지고 있으며 이것은 1995년 대비 0.5% 높아진 것이다. 상위 5% 집단은 총수입의 약 20%를 점유하여 1995년 대비 1.1% 높아졌고, 상위 10% 집단의 경우 총소득의 32%로 1995년 대비 1.2% 높아졌다. 또한 전 인구 6%가 전체 금융자산의 40%를 소유하고 있고, 5단계 소득 지표로 분류할 경우에도 최상층 20%가 소득의 40%, 총 예금의 80%를 차지하고 있으며, 빈부격차의 추이는 매년 3.1% 수준으로 확대되고 있다. 심지어 상위 10% 계층과 하위 10%

주장하기도 했다. 이러한 중국의 지니계수의 편차에 대해서는 王尙銀(2005, 126-127) 참조. 세계은행은 중국의 불평등 증가를 '비교 가능한 자료가 있는 모든 나라 중에서 최고'라고 보고한 바 있다(Wang 2000, 392).

계층의 소득 차이는 2004년 기준 9.5 : 1로 확대되었다(『新京報』 04/12/24).

국가노동부와 사회보장부 임금연구소 예측에 따르면 향후 5년간 중국 도시 주민의 소득이 성장 국면에 진입할 것으로 예측하고 있으나, 예상과 달리 저소득층의 빈곤 상태가 유지되고 있기 때문에 실질적 소득 차이의 확대는 불가피하다. 그리고 중국이 WTO 가입 이후 외자, 외자기업과 중국 기업, 내부 기업과 인재 쟁탈전이 가열되고 고급 노동력을 지닌 사람의 소득이 더욱 빠르게 확대되는 한편, 농촌 노동력이 대규모 도시로 유입되어 노동력 공급 우위 현상을 유지시키는 한 도시 주민의 소득수준이 향상되기를 크게 기대하기 어렵다. 빈부 차이와 함께 빈곤 인구의 형성도 확대되고 있다. 2004년 말 기준 668위안을 빈곤선으로 설정할 경우 절대빈곤은 2,610만 명이지만, 669~924위안을 설정할 경우 4,977만 명에 달하고 있다. 실제로 빈곤선을 실제 생활과 연계할 경우 총 노동인구의 10%에 달하는 규모로 추산하는 경우도 있다.[22]

도농 간 소득 차이는 1997~2003년 7년간 전국적으로 농민 1인당 소득은 695.9위안 증가하는 데 그쳤다. 이것은 도시 주민 소득증가의 1/5 수준이며, 연평균 증가율도 도시에 비해 절반 수준에 머무르고 있다. 그 결과 1980년대 중반 1.8 : 1, 1990년대 중후반 2.5 : 1인 도농 간 소득 차이가 2006년에는 3.28 : 1로 확대되었다(吳光炳 2004, 57-61; 國家統計局 編 2007, 113). 더구나 도시 주민의 경우 주택과 사회보장, 공공위생과 교육 등에서 국가의 보조를 받고 있는 반면 농촌의 경우 각종 세금과 농업 생산수단에 대한 비용이 증가한다는 상황까지 고려하면 실제적으로 그 격차는 5 : 1에서 6 : 1로 확대된다(王夢奎 2005b, 117; 吳俊傑·張紅 2005, 96). 더구나 문제는 이러한 도시와 농촌의 격차가 농업구조의 근본적인 원인으로 인해 구조적으로 해결되기 어렵다는 점이다. 농업에 종

---

22 http://gov.people.com.cn (검색일 : 05/10/17).

사하는 규모가 지나치게 많고 농업의 노동생산성이 낮기 때문에 농민 소득을
높이기 어려운 구조를 가지고 있다. 실제로 농민수입구성을 보더라도 비농업
에서 얻는 비중이 50%에 달하고 임금성 수입이 1/3 수준으로 임금성 수입이
전체 농민 소득 증가에 미친 영향은 약 80%에 달할 정도로 농촌과 농업부문에
서 소득향상을 기대하기는 어렵다.

　　지역 간 불평등의 경우 동부지역의 총생산은 〈표 2-14〉와 같이 전체 GDP
의 약 58.5%, 서부지역은 약 17%를 차지하고 있다. 2003년 기준 동부지역의 1
인당 GDP는 중부 지역과 서부 지역에 비해 각각 2.6배와 2.1배나 높으며, 연
해 지역 내부에서도 남부와 북부 지역의 차이는 약 1.3배의 격차가 있다. 1인
당 GDP도 1980~2002년의 경우 서부와 동부는 1 대 1.92에서 1 대 2.59로 확대
되었고 중부와 동부도 1 대 1.53에서 1 대 2.03으로 확대된 반면 서부와 중부
는 1 대 1.25에서 1 대 1.27로 큰 편차가 나타나지 않았다. 가장 발달한 상하이
와 가장 낙후된 구이저우성을 비교하면 약 13배의 차이가 나타나기도 했다.[23]
일반적으로 1인당 GDP와 지니계수의 상관성을 보면 1인당 GDP가 5천 달러
에 이르면 지니계수가 0.4를 하회하는 상관도를 보여 주고 있다. 이 경우 1인
당 GDP 수준에 따라 지역 격차가 커지고 좁혀질 수 있으나, 대체적으로 지역
격차가 확대된다고 할 수 있다.[24] 문제는 이러한 지역 간 불평등은 GDP뿐 아
니라, 사회 발전, 특히 교육과 위생과 문화영역에서도 나타나고 있으며, 정보
수준과 정보획득의 차이는 경제 발전수준의 차이를 능가하면서 확대되고 있
다. 이러한 인문지표를 포함한 종합적인 차이를 나타내는 인류발전지표에 따

---

[23] 그러나 해당 지역의 1인당 GDP에 대한 유동 인구의 기여를 보면, 2000년 기준 상하이는 약 18.5%,
베이징은 약 17.7% 광둥은 약 16.3% 감소되는 반면 쓰촨은 8.3%, 장시는 9.1% 안후이는 7% 상승했다.
이것은 유동 인구의 기여도를 제외할 경우 실질적인 지역 격차가 더욱 확대된다는 것을 의미한다.
[24] 자세한 상관 관계에 대한 중국의 다양한 경험 연구과 연구 상황을 종합적으로 정리한 것으로 馬
洪·王夢奎(2005, 99-106) 참조.

<표 2-14> 총생산 대비 동·중·서부 지역의 생산비중 (단위 : %)

구분	1978	1980	1990	2000	2002	2003
동부	50.6	50.2	51.5	57.3	57.9	58.5
중부	29.3	29.8	28.3	25.6	25.1	24.6
서부	20.1	20.0	20.2	17.1	17.0	16.9

출처 : 각년도 『中國統計年鑑』 종합.

르면 가장 지수가 높은 곳은 상하이, 베이징, 톈진으로 모두 동부 연해 지역에 속해 있고, 지수가 가장 낮은 티베트, 구이저우성, 칭하이성은 모두 서부에 편재되어 있다.

이러한 다양한 불평등의 결과 사회적 불만이 조직화되고 있다. 현재 사회적으로 불만을 느끼고 있는 주민의 규모는 약 1~2억 명으로 전체 도시총인구의 22~45% 수준이며, 매우 불만을 느끼는 규모도 3,200만~3,600만 명으로 도시 총인구의 7~8%를 차지하고 있다(胡鞍鋼 2004, 87). 특히 도시노동자들의 체제에 대한 신념의 위기가 구체화되고 있으며 비공식 노동자와 반실업 상태의 노동자들은 자주노조를 결성하면서 조합주의에 포섭된 관변 노동조합의 통제와 관리를 넘어 자신의 국가에 대해 대항하기 시작하였다. 농촌 문제도 농민의 분담금의 과도한 징수 차원을 넘어 일할 권리와 상대적 박탈감을 호소하면서 직접적인 농민 시위 등 이른바 집단 항의(群體性) 시위가 빈발하고 있다. 이것은 중국 당정의 의지에도 불구하고 균형 발전이나 균형 성장, 고용과 성장을 동시에 확보하는 것이 단기적으로 해결될 수 없는 문제라는 것을 고려하면 이러한 사회적 불만이 보다 확산될 가능성도 있다.

제3장

평화 부상의 대외 전략

1. 대국 부상과 평화 부상

중국의 부상은 대국의 부상이다. 대국의 부상이 국제질서에 끼치는 영향 때문에 중국 부상의 성격이 논란이 되고 있다. 즉 중국이 어떤 목표를 설정하고 어떤 방식을 통해 부상을 실현할 것인가 하는 점이다. '위대한 중화복원론', '위대한 미래'(great future)라는 세계 강국을 실현하고자 하는 중국의 국가대전략의 목표[1]는 대외 전략과 깊은 관련을 맺고 있다. 중국의 일부에서 국가전략을 대외 전략이라고 부르는 이유도 중국의 부상에서 차지하는 외교 역량, 대외 역량이 지니는 의미가 크기 때문이다(唐世平·張蘊岑 2007, 119-121).

실제로 중국의 역대 통치자와 지도자들은 세계를 부분적인 관점에서 접근한 것이 아니라 전체(whole)의 관점에서 접근해 왔고 현대 중국도 예외는 아니다(Wang 2006, 272). 더구나 중국 지도부가 경제적 자신감을 바탕으로 국제사회에 능동적으로 참여하면서 국제관계를 민주화하고자 하는 열망도 이러한 전통적 중화질서를 반영하고 있다. 중국이 기존의 무임승차 외교를 버리고 '책

---

1 장쩌민은 2001년 7·1강화에서 "20세기 중엽에서 21세기 중엽의 백년간 조국의 부강, 인민의 부유와 민족의 위대한 부흥을 위해 노력해야 한다."고 강조했고, 16전대회에서는 "중화민족의 위대한 부흥"은 전면적 소강사회의 민족적 목표라고 강조했다(江澤民 2002, 56-57).

임대국론'을 제시한 것도 이러한 맥락에서 이해할 수 있다.[2] 즉 각종 국제 현안에 대해 강화된 종합 국력을 바탕으로 책임 있는 강대국의 면모를 갖춘다는 것이다(Zheng & Austin 2001). 더구나 중국이 2001년 WTO에 가입하면서[3] 국제 사회의 제도적 규범과 게임의 규칙을 제정하는 데 참여하기 시작했고 전 지구적 차원의 국제 협력에도 적극적으로 관여하기 시작했다.

이러한 중국의 변화에 대해 서방의 우려가 나타나고 있다. 왜냐하면 역사적으로 강대국의 부상은 기존의 세계질서에 도전하고 패권을 쟁취하는 방식으로 나타났기 때문이었다. 중국도 이러한 시선을 우려하여 중국의 부상이 평화적 방식, 평화적 수단을 통해 이루어질 것임을 강조하였다.[4] 즉 방법의 측면에서 평화와 융합을 강조하고 확장과 균열을 배제한다는 점, 정책의 측면에서 평화공존 5원칙에 입각하여 타국의 주권을 침해하지 않는다는 점, 물질적 측면에서 부상의 최종 목표는 국력에 의존하는 것일 뿐이라는 점, 시간의 측면에서 장기적이고 점진적인 과정이라는 점, 제도의 측면에서 사회주의의 본질적인 요구라는 점을 강조하였다(閻學通·孫學鋒 2005, 151-154).

따라서 중국의 부상을 위협으로 간주하고 이를 제어해야 한다는 입장과 이를 불식하기 위해 평화 부상론을 통해 정책을 순화하고자 하는 중국의 시도 사이에는 여전히 간극이 존재하고 있다.[5] 중국의 부상에 따른 미래 질서의 변

---

2 중국이 '세계 대국'이 되어 세계 정치의 다극화를 어떻게 실현할 것인가라는 견해와 중국이 '정상 (正常)국가'를 지향해야 한다는 견해가 있다(龐中英 2003, 303).
3 미래의 역사학자들이 중국 현대사에 있어 이 사건을 중국 전 지구화의 원년이자, 가장 중요한 사건으로 기록할 것이라고 평가하기도 한다(*South China Morning Post* 2002/01).
4 이것은 일종의 평화적 접근법(peaceful approach)이라고 할 수 있다(Shutter 2005, 265). 중국의 부상에 대해서는 특히 "China Rising : How the Asian Colossus, Is Changing Our World," *Foreign Policy* (2005, Jan.-Feb.) 특집을 참고할 것.
5 이는 중국의 부상이 경제 발전을 중심으로 하고 있기 때문에 미국과 중국이 충돌할 가능성이 낮다는 견해((Zbigniew Brzezinski)와 중국이 아시아에서 패권을 추구하여 불가피하게 미·중 충돌 가능성이 높다는 견해(John Mearsheimer)의 차이를 반영한다. 이 두 입장에 대해서는 Brzezinski &

화에 대해서는 중국 패권 체제, 미중 간 패권 경쟁, 미국 중심의 주도(hub and spoke) 체제, 강대국 협조 체제, 미중 공동 통치, 규범 공동체, 복합적 상호의존 체제를 상정할 수 있다. 샴보에 따르면 이 중에서 미중 패권 체제보다는 미국이 주도하는 동맹 체제 혹은 규범적 공동체나 복합적 상호의존이 나타날 것으로 전망하고 있다(Shambaugh 2006, 12-20).

대체적으로 중국 부상에 대해 현실주의자들은 중국이 안보 경쟁을 전개하면서 대국 간 전쟁의 위험이 상존한다고 본다. 정도의 차이는 있으나 이러한 위험을 과소평가해서는 안 된다는 견해이다. 그러나 자유주의적 관점에서 보면 미중 관계에서 비정부 행위자가 적극적인 역할을 하고 중국은 미국이 주도하는 국제 체계에 들어올 것이라고 보고 있다(Keohane & Nye 2002, 39-40). 구성주의적 관점에서 보면 중국이 점진적으로 다양한 국제제도에 참여하여 중국의 신념과 이익을 바꿈으로써 미국과의 관계도 원만하게 발전할 것으로 본다.6 패권주기론의 입장에서는 중국이 현재의 조건에서 도전국가라고 보기는 어렵지만, 이러한 도전국가가 패권국가를 추구하지 않을 것이라는 견해를 비판하고 있다(倪世雄 外 2001, 304).

1) 중국 위협론의 재등장

중국 위협론은 매우 오랜 역사를 가지고 있다. 19세기 말에서 20세기에 유럽대륙을 풍미했던 이른바 '황화론'도 중국인이 서방의 무기를 가지고 무장하

Mearsheimer(2006) 참조.
6 프리에드버그는 미중 관계를 현실주의적 낙관주의, 현실주의적 비관주의, 자유주의적 낙관주의, 자유주의적 비관주의, 구성주의적 낙관주의, 구성주의적 비관주의로 구분하고 이들 상호 간의 협력과 경쟁의 요소가 작용할 것으로 보았다(Friedberg 2005).

면 유럽에 대재앙을 가져올 것이라는 논리에서 출발한다. 이것은 중국 위협론의 모태라고 할 수 있다. 특히 『해권론』에서 제기한 중국 위협은 중국의 규모가 거대하고 인구가 많으며 인구의 동일성이 강하다는 점, 서방 문명의 수용, 중국이 현대화된 대국으로 성장하고 있다는 점에서 서방 문명의 잠재적 위협이 된다는 것이었다(馬漢 1997, 422-425).

오늘날 중국 위협론의 가설은 대국 부상의 역사적 경험과 관련하여 대체적으로 세 가지 유형으로 구분할 수 있다. 첫째, 부상하는 국가는 전쟁을 일으킬 수 있다. 둘째, 부상하는 국가는 전쟁을 일으키지 않을 수 있다. 셋째, 부상하는 국가는 전쟁의 대상이 될 수 있다는 것이다(閻學通·孫學峰 2005, 106-108). 이렇게 보면 서방의 중국 위협론은 첫째 가설에 해당한다고 볼 수 있으며, 중국이 주장하는 평화 부상론은 두 번째 가설에 해당한다. 즉 역사적으로 부상한 국가는 전쟁을 통한 부상, 평화 부상, 비평화적 부상이 있는데 중국의 부상은 평화의 전제라는 시각이다(鄭必堅 2005a, 22-23). 세 번째 가설은 다른 국가가 전쟁을 통해 중국을 봉쇄하는 것을 어떻게 방지할 것인가, 다양한 세력이 중국을 전쟁에 끌어들이려는 시도를 어떻게 막을 것인가에 대한 것이기 때문에 축적된 연구가 많지 않다(閻學通 等 1998).

중국 위협론의 유형은 문명 위협론, 군사 위협론, 생태 위협론, 자원 위협론, 패권 정치 위협론, 타이완 문제 위협론, 무역 위협론, 경제 위협론, 식량 위협론, 에너지 위협론 등으로 나타나고 있다.[7] 중국의 부상과 관련하여 중국 위협론이 본격적으로 등장한 것은 1992년 무렵이다.[8] 이때는 위협의 '잠재력'에

---

[7] 이러한 중국 위협론의 유형에 대한 간략한 소개는 申相陽(2006, 45-54), 에너지 위협론에 대해서는 余建華·王震(2006, 64-85) 참고.
[8] 중국 위협론을 오리엔탈리즘으로 보고 이에 대한 비판적 연구를 체계적으로 정리한 것으로 施愛國(2004), 彭澎(2005, 39-83) 참고.

대한 평가가 중심이었다면 1989년 천안문사건 이후에는 위협의 현실화를 둘러싸고 논의가 전개되었다. 특히 세계은행에서 구매력평가로 계산하여 중국 경제 규모가 미국의 45%에 달한다고 발표한 것이 촉매가 되었다. 이어 국제통화기금에서도 중국 국내 총생산을 공식 통계의 네 배로 평가했으며 이후『타임』(TIME)지 등에서는 중국 경제가 2010년 일본을, 2020년에는 미국을 능가하여 기존의 국제무역 질서를 위협할 것이라고 보았다. 미국도 1994년에 중국은 더 이상 개발도상국이 아니라는 견해를 공식적으로 제기하기도 했다.[9] 이러한 위협론의 흐름을 시기적으로 구분하면 다음과 같다.

제1차 중국 위협론은 1992~93년에 제기되었다. 먼로(Ross Munro)가『깨어나고 있는 거룡, 아시아의 진정한 위협은 중국에서 온다』는 책을 통해 중국이 경제성장, 정치적 영향력의 상승, 군사적 팽창으로 인해 아시아의 위협이 된다고 주장하였다. 세갈(Gerald Segal)도『임박한 중국과 일본의 충돌』을 발표했고, 로이(Denny Roy)도 "중국 경제성장과 아태 지역 안보에 대한 결과"를 발표했다(Roy 1994, 149-165). 이들의 논의를 받아 브레진스키는『대실패와 대혼란』에서 중국이 세계에 위협이 될 수 있을 것으로 평가했다. 한편, 1993년 헌팅턴도『문명의 충돌』을 통해 유교 문명과 이슬람 문명의 결합은 서방 문명의 적이며 이데올로기, 사회제도와 문명의 각도에서 중국 위협론을 제기하였다.

제2차 중국 위협론은 타이완 해협위기가 발생한 1995~96년에 나타났다. 이 당시 미국에서는 '중국이 타이완 해협의 평화와 안정에 위협이 되고 홍콩 반환으로 자유 세계가 전체주의의 위협을 받는다'라는 분위기를 고조시켰다.

---

9 중국은 1992년 2월에서 1994년 12월까지 WTO 출범 이전 GATT 가입을 위한 논의를 했으나, 미국 등이 과거와는 달리 발전국가 자격으로 WTO에 가입하라는 원칙을 제시하고 큰 폭의 시장 개방을 요구하면서 중국의 GATT 가입이 좌절되었다. 그 결과 중국은 높아진 가입 비용 때문에 WTO에 신중한 입장을 전개해야 한다는 입장이 증가했다. 이것은 결국 미·중 관계의 정상화가 핵심이었다(이남주 2002, 57-58).

그리고 1997년 장쩌민 국가주석이 미국을 방문하기 직전 번스타인(Richard Bernstein)은 먼로와 함께 쓴『임박한 미중 충돌』을 통해 중국 위협론의 논점을 체계적으로 정리했다(Bernstein & Ross 1997). 즉, 중국은 정치적으로 예측이 불가능하고, 분열과 파벌투쟁이 상존하며 이것이 불안전감을 가중시켜 편협하고 오만한 심리 상태를 만들어 대외정책에 반영될 것이라고 주장했다.

제3차 중국 위협론은 1998~99년에 나타났다. 미국은『코커스보고서』를 통해 리원화 사건, 미국에 대한 중국의 정치자금 제공 등을 열거하면서 중국이 미국 안보에 중대한 위협을 가져올 것이라고 강조했다.

제4차 중국 위협론은 2002년 이후에 전개되고 있다. 2002년『국가안보전략보고서』는 "우리의 군사력은 잠재적인 적들이 미국의 힘을 능가하거나 대등해지려는 희망 속에서 추구하는 군사력 증강을 억제시킬 정도의 충분한 힘"이 필요하다고 강조했다(White House 2002, 30). 여기서 말하는 '잠재적 적'은 중국을 염두에 둔 것이다. 미 국방부의『중국의 군사력 문제에 관한 연도 보고』에서는 공개적으로 중국의 군사력이 타이완, 중국의 주변 국가 심지어 미국에도 위협이 된다고 밝혔고 여기에 기초해 대중국 봉쇄 정책을 주문하였다.[10] 이후 미중 관계의 개선에도 불구하고 2006년『국방전력보고』(QDR)나『국가안보전략보고서』에서는 중국에 대해 경계를 적나라하게 드러내었다.

---

10 이러한 중국의 전략적 의도는 미국으로부터 중국 위협론의 견제 대상이 되고 있다. 중국 위협론의 논리는 중국이 지속적으로 경제가 발전하면 이러한 경제 능력이 군사 능력으로 전화되며 미국과의 마찰을 격화시켜 안보 경쟁은 불가피해진다는 것이다. 어떤 국가도 지역 내의 맹주를 희망하며 다른 국가들이 그 후원(後園)을 침입하는 것을 통제하거나 방지하는 것이 먼로 독트린의 실질이라고 강조하고 있다. 이에 대해서는 공격적 현실주의의 입장에서 중국을 평가하고 있는 이론가의 한사람인 미어샤이머(John Mearsheimer)의 견해 참조.
http://globetrotter.berkeley.edu/people2/Mearsheimer/mearsheimer-conversation.htm.

2) 평화 부상론의 등장

중국이 평화 부상론을 제기한 것은 국제사회의 중국 위협론에 대한 대응 방식이 비체계적이고 수동적인 형태에서 좀 더 능동적이고 적극적으로 변화했다는 것을 의미한다. 중국 부상론의 핵심적 논리는 위협이 아니라 기회이며, 국제사회의 평화에 기여한다는 것이었다(胡宗山 2006, 1-4).

2003년 11월 3일 중앙당교 상무부 교장을 역임했던 쩡삐젠 중국 개혁개방 논단 이사장이 처음으로 '중국 평화 부상의 새로운 길'이라는 담론을 제기하였다(鄭必堅 2005a, 1-8). 이어 세계무역기구협상 대표였던 룽용투(龍永圖)가 "세계무역기구 가입과 중국 경제"라는 연설을 통해 중국의 부상은 평화적 부상이며 도전과 위협이 아니라고 주장한 이래, 2003년 말부터 국가 지도자들이 이 문제를 의도적으로 제기하면서 대외 전략의 중심 담론으로 자리잡았다.[11] 정부 차원에서 처음으로 평화 부상론을 제기한 것은 2003년 10월 미국을 방문한 원자바오 총리가 "평화 부상의 발전의 길"이라는 주제 연설을 통해 나타났다.[12] 이어 12월 26일 후진타오 주석이 마오쩌둥 탄생 110주년 기념 연설에서 이를 다시 강조하였고, 2004년 2월 23일 정치국 제10차 집체 학습회의에서는 '평화 부상의 발전의 길과 독립자주의 평화외교정책'을 천명했다. 이러한 정부의 간헐적 논의를 바탕으로 2004년 4월 24일 보아오 아시아포럼 연설을 통해 '평화 부상의 발전의 길'은 이론적 체계화를 갖출 수 있었다(鄭必堅 2005a, 21-44).

평화 부상론은 중국의 부상 자체가 평화라는 의미의 '평화적 부상'(peaceful rise), 중국의 발전이 자신의 역량에 기초하여 발전하고 제도 혁신을 통해 부상한다는 의미에서 '평화적 방식을 통한 부상'(rise by peace), 세계 평화에 유리하

---

11 평화 부상론의 수립 과정과 발전 과정에 대해서는 Ramo(2007, 8-11) 참고.
12 溫家寶, "把目光投向中國," http://www.cas.ac.cn/html/Dir/2003/12/25/0111.htm (검색일 : 07/01/05).

다는 '평화를 위한 부상'(rise for peace)이라는 다층적 성격을 지니고 있다.[13] 이러한 점에서 볼 때, 평화 부상론은 중국이 세계 강국을 추구하면서도 이를 위해 강국 간의 전면전이나 장기적·냉전적 대치 없이 '평화적'으로 실현한다는 것이다. 즉, 평화 부상론에서 나타나는 '평화'란 군사적 충돌 가능성을 모두 배제하는 것을 의미하지는 않지만, '평화'가 없이는 진정한 의미의 '부상'을 실현할 수 없음을 강조하고자 하는 것이다. 국제정치론의 맥락에서 보면 세력 전이론(power transition theory), 국가성장론, 패권주기론 등에 대한 비판이라고 할 수 있다.[14]

이러한 평화 부상론이 수면 위로 등장하면서 평화 부상론의 역사적 경험을 중심으로 몇 가지 논쟁이 나타나기도 했다. 첫째, 중국의 평화 부상이 불가능하다는 부정론이다. 이것은 현실정치의 관점에서 역사적으로 대국의 평화 부상이 존재하지 않았다는 것이다. 따라서 중국의 평화 부상이 별다른 역사적 교훈을 가져다주지 못할 것이며, 정치적 언명에 불과하다고 보고 있다.[15] 둘째는 중립론이다. 이것은 역사적으로는 선례가 없지만 평화 부상이 불가능한 것이 아니라고 보고, 권력정치에서 논의하는 '부상'을 넘어설 수도 있다는 것으로 일종의 모호한 입장을 지니고 있다(龐中英 2004). 평화 부상론을 적극적으로 제기한 쩡삐젠의 견해도 역사적으로 서방 열강은 식민지 확장이나 패권 전

---

13 '부상'이라는 어원은 최근 사용된 개념이다. 일반적으로 발전, 부흥, 현대화 과정, 도약, 흥기 등의 개념으로 사용되었을 뿐, 명확한 의미를 지니고 있는 것은 아니었다. 일부에서는 'Rise'의 외국어 표기라는 지적도 있다(胡宗山 2006, 19-20).

14 이러한 이론들에 대한 비판 논리는 부상국이 현상에 만족한다면 도전자가 되지 않을 것이라는 점, 대국 부상 이후 전쟁은 모두 부상 대국이 일으킨 것이 아니라는 점, 쇠퇴하는 패권국가가 예방전쟁을 발동하여 부상 국가가 전쟁을 일으키지 못하게 할 수 있다는 점 때문이다(胡宗山 2006, 92).

15 이러한 견해는 판웨이(潘維), 상란신(商藍欣), 팡중잉(龐中英) 등의 견해를 참고할 것. 이에 대한 자료는 http://www.irchina.org 참조. 그러나 이러한 견해가 평화 부상 자체를 비판하고 있는 것은 아니다.

쟁을 통해 원시축적을 완성했으나, 중국은 열강이 걸어왔던 구식의 길을 걷지 않을 수 있다는 점에서 차이가 있다고 강조한다.[16] 셋째, 긍정론이다. 이것은 신경제사학의 연구 성과를 반영하면서 중국의 평화 부상이 얼마든지 가능하다는 견해이다. 역사적으로 출현한 대국, 특히 영국과 미국의 부상은 제도 혁신에 의존하여 평화적 방식으로 부상을 실현했다고 주장하고 있다. 또한 일본이 경제적 부상을 실현한 것을 참고하여 중국도 이러한 경로를 취할 필요가 있다는 것이다(『早報新聞』 04/02/10).

그러나 2004년 4월을 기점으로 학계에서 평화 부상론이 널리 유포되고 확산되었던 것과는 달리 당정의 공식적인 외교담론은 평화 부상론에서 평화발전론으로 변화했다. 2004년 4월 26일 쩡칭훙 국가부주석이 유네스코 제60차 회의 폐막식에서 "중국은 평화발전의 길을 걷는다."고 밝힌 이래 7월에 열린 정치국 제15차 집체 학습에서 후진타오 총서기도 평화 부상론을 '평화발전론'으로 수정했다. 이러한 변화는 몇 가지 정치적 배경을 반영하고 있다. 무엇보다 '부상'을 강조하는 강경론과 '평화'를 강조하는 온건론 사이의 충돌을 반영하고 있고 평화발전론은 이 두 논의를 절충했다. 즉, 강경론의 입장에서는 '평화'(和平)라는 말이 군사 현대화의 의지를 약화시킬 뿐 아니라, 강국 간의 중요한 군사적 충돌이 발생할 경우 이에 대한 의지를 약화시킨다고 보았다. 특히, 중국 국방부가 타이완 당국에게 타이완 독립을 추진함에도 중국이 평화적 수단을 사용할 수 있다는 불필요한 오해를 해소할 필요가 있다는 점도 지적하였다.[17] 한편, 온건론은 '부상'(崛起)이라는 개념이 중국 국력의 증강에 대한 우려

---

16 특히, 그는 곳곳에서 논어의 "내가 하기 싫은 것을 남에게 하지 말라"(己所勿欲 勿施於人)라는 경구를 통해 중국이 다른 국가에게 피해를 주지 않아야 한다고 여러 차례 강조했다(鄭必堅 2005a, 159).

17 중국 고위 당료 W와의 인터뷰(2006년 8월, 베이징). 이를 둘러싼 중국 내부의 논쟁에 대해서는 Shutter(2005, 268-271) 참고.

를 불필요하게 자극한다는 점, 중국 대중의 과도한 민족주의를 자극할 우려가 있다는 점을 비판하고 있다. 이것은 미국 등 서방을 의식한 중국 외교부의 견해라고 할 수 있다.

이러한 중국의 평화 부상과 평화발전의 '평화론'은 2005년 이후 다시 조화(和諧) 외교로 수렴되고 있다(湯光鴻 2005). 2005년 9월 유엔총회 연설에서 후진타오 주석은 처음으로 조화외교의 이념을 제기했고 2006년 8월에 개최된 중앙외교공작회의에서 "조화로운 세계 건설의 추진을 견지한다."는 것을 대외정책의 중요한 목표로 설정하였다. 조화외교의 핵심은 2006년 상하이 협력기구 6차회의에서 후진타오의 연설에 집약되어 있다. 첫째, 아시아 지역의 새로운 안보체계를 건립할 때, 각국의 국가통일 수호권리를 존중해야 한다고 함으로써 타이완 독립 문제에 대응한다. 둘째, 각종 문명의 상호 포용을 주장함으로써 문명 충돌론을 반대한다. 셋째, 다자주의를 강조함으로써 미국이 주도하는 단극주의의 불합리성을 돌출한다. 넷째, 지역 경제 통합을 추진해 호혜공영을 도모하고자 한다는 것이다.[18] 그럼에도 불구하고 조화외교의 이론적 뿌리는 평화 부상론에 있다. 즉 쩡삐젠의 견해처럼 평화 부상의 새로운 길이 평화발전의 길이고 평화발전의 새로운 길이 바로 조화세계로 향하는 길이라는 논리의 연장선에 있는 것이다.[19]

---

18 이른바 후진타오의 네 가지 건의(胡四点)로 불리는 이 연설은 미래 중국 외교의 로드맵을 담고 있다(『聯合朝報』06/06/22).
19 평화 부상과 평화발전 그리고 조화외교의 맥락은 평화 부상을 제기한 쩡삐젠의 견해를 통해서도 확인할 수 있다(鄭必堅 2005b; 쩡삐젠 2007, 189-202)).

2. 평화 부상의 국제질서

21세기 초반 중국이 직면한 안보전략은 이른바 '중요한 전략적 기회'에 직면했다. 즉 미국과의 충돌 회피와 전략적 방향을 조정할 수 있는 점, 미국의 테러방지와 비확산 전략으로 인해 중국과의 협력 범위가 증대된다는 점, 동아시아 지역 전략에서 미국의 쇠퇴와 중국 영향력의 확대에 따른 권력 전이 현상이 나타난다는 점, 중국이 '전 지구화의 차'에 승차함으로서 광범한 국제정치적 영향력을 행사할 수 있는 기회인 것이다(時殷弘, 2006, 218; 『人民日報』 03/04/14).이러한 외부 환경에 대한 이해를 기초로 평화 부상의 국제질서관을 수립하였고, 국가안보를 위협하는 요인이 다양해지고 국가안보의 내용도 좀 더 종합적인 성격을 띠게 되면서 종합안보(綜合安保)의 개념이 대두하였다.

1) 안보환경에 대한 이해

중국이 평화 부상론의 길을 걷고자 했던 것은 중장기적 안보환경에 대한 평가에 기초한 것이다(中國現代國際關係研究所 2000; Pillsbury 2000; Terrill 2003).

첫째, 시대정신이 평화와 발전이라는 것이다(江澤民 2002b). 또한 국제화와 정보화가 상당히 진행된 상태에서 어느 국가도 자신의 전략적 목표를 숨길 수 없게 되었고, 중국 정부도 비공식적·불완전한 정보나 의도가 비공식적 전달 경로를 통해 전파되는 것을 통제할 수 없기 때문에 실제 상황을 은폐하는 것이 점차 어렵게 되었다. 따라서 국제환경에 대한 중국의 인식은 비교적 낙관적이었다. 즉 냉전 이후 세계대전의 가능성은 현저히 낮아졌고 대국 사이의 관계도 어느 일방의 봉쇄 전략이 지속적으로 전개되지 않는 한, 개선의 여지가 더욱 강하다고 보았다. 이런 차원에서 현대화에 주력하는 한편, 국제 문제와 지역 문제에서 영향력을 점차적으로 확보하는 전략을 구사할 수 있다고 보았다. 이것은 기존의 '협력과 갈등' 대신에 '평화와 발전'을 수용했던 배경이기도 했다(李而炳 2004, 4).

둘째, 미국이 초강대국의 지위를 유지하는 일초다강(一超多强) 체제가 지속될 것으로 보았다(Deng 2001, 344-346). 이런 현실 인식 속에서 중국은 기존 질서를 타파하지 않으면서 주변 국가의 평화와 경제적 이익을 보장하고 국제 사회의 공동이익을 확보하는 '평화발전론'과 '책임대국론'을 통해 국제 문제에 적극적으로 참여하였다.[20] 무엇보다 미국주도의 국제질서를 변경할 수 있는 능력이 없는 중국으로서는 미국과의 협력체제(concert system)를 관리하면서 현대화의 과제를 해결하는 데 주력하고자 한다(Shutter 2005, 266; Wang 2006, 295-266). 다만 중단기적으로 미국이 주도하는 패권질서가 약화되면서 중국, 러시아, 유럽연합, 일본 등이 병존하는 질서가 나타날 것(Johnson 2004, 75-78)이라고 보고 국제관계의 민주화에 기초한 다극화를 지속적으로 추구하겠다는 것이다.

셋째, 경제 세계화와 상호의존이 지속적으로 강화될 것으로 보았다.[21] 중국은 2001년 WTO에 가입함으로서 경제 세계화 과정에 능동적으로 참여하였다. 중국의 세계화과정은 국내 정치의 보수화, 국내적 균형 발전의 강조, 민족 기업의 육성과 보호 같은 정책 우선순위의 변화에도 불구하고 이 기조를 변경하기는 어려울 것이다. 오히려 경제 세계화에 참여하는 것이 긴장을 완화하고

---

20 책임대국론에 대한 중국과 미국의 입장은 대조적이다. 중국은 국제사회의 평화와 발전에 기여하고 국제적 기준과 규칙을 제정하는 데 참여하고, 중국의 발전을 위해 국제사회를 전략적으로 활용(strategic learning)하려는 의도를 가지고 있다. 반면, 미국과 서구는 중국이 다양한 국제기구에 참여하면서 이러한 체제의 규범과 가치를 인지적으로 수용(cognitive learning)하면서 중국이 국제사회에 점차 사회화되기를 기대하고 있다. 중국의 책임대국론에 대해서는 Zhang & Chan(2001), Evan & Fravel(2003, 22-35) 참고.

21 세계화와 중국 경제 발전에 대한 간략한 요약과 정리는 孫寬平(2001, 145-168).

충돌을 방지하는 데 기여할 것으로 보고 있다. 이런 점에서 쌍무적이고 다자적인 자유무역협정의 체결에도 더욱 적극적으로 나서고 있다.

넷째, 국제체제의 행위자가 다원화되고 있다고 본다. 특히 비정부조직(NGO)이나 국제정부조직(IGO)의 영향력이 늘어나고 있고 각국의 외교정책에 대한 다국적 기업의 영향력이 늘어나고 있다. 이러한 추세에 따라 중국은 유엔을 중심으로 한 국제조직 대부분에 가입하였고 이를 통해 국제 문제에 대한 영향력을 확대하려고 한다(Johnson 2004, 67-68). 다른 한편 APEC, 상해협력조직(SCO), ASEAN+3, 6자회담 등 다자간 대화에도 적극적으로 참여하면서 중국 위협의 우려를 불식시키고 정치적 영향력을 확대하고자 한다.[22]

다섯째, 반테러와 아태 지연 전략이 확대된다고 보고 있다. 중국은 9·11 이후 미국과 반테러에 대해 협력적인 자세를 취했다. 그러나 미국은 9·11 이후 '미국의 가치', '자유의 확산'을 강화하는 공격적인 대외 전략에 대해서는 비교적 중립적인 자세를 취했다. 이것은 중동 지역에서의 패권과 국가이익을 극대화하면서 질서를 변경하려는 시도에 대한 반대이기도 하다. 이런 점에서 중국은 단기적으로는 9·11 사건이 중국에게 기회보다는 위협적 요소가 있다고 보고 있다(中國現代國際關係研究所 2002, 180-200).

2) 국제질서관

평화 부상론은 중국 대외 전략의 근간이지만 물질문명, 정치문명, 정신문명, 사회문명, 생태문명이라는 좀 더 포괄적인 틀에서 도출된 문명사적 개념

---

22 중국의 동아시아 다자주의적 접근에 대한 체계적이고 포괄적인 분석은 北京外國問題硏究會(2006).

이다. 이를 좀 더 구체적으로 보면 다음과 같이 정리할 수 있다. 첫째, 이 노선의 성격은 중국특색 사회주의가 전개하는 과정을 걸어가는 것이다. 둘째, 이 노선의 목표는 중국인의 생존권, 발전권, 교육권의 문제를 해결하는 것이다. 셋째, 이 노선의 기초는 경제 세계화와 연계하면서 국제사회와 공동번영을 실현하고 독립 자주적으로 중국특색 사회주의를 건설하는 것이다. 넷째, 이 노선의 특징은 대내 방침과 대외 방침, 대내적 화해와 대외적 평화를 연계하는 것이다. 다섯째, 이 길의 함의는 21세기 전반기 당대의 인류 문명과 서로 교류하는 가운데 중화 문명의 부흥을 실현하는 것이다(쩡삐젠 2007, 193-198). 이러한 차원에서 원자바오 총리는 평화 부상론에 대해 "세계 평화라는 시기를 이용하여 자신을 발전시키는 한편 자신의 발전을 통해 세계 평화를 유지하는 것, 자신의 힘에 의지하고 독립자주에 의존하는 것, 세계와 분리될 수 없다는 것, 장기적인 시간을 필요로 한다는 것, 다른 어떤 국가를 위협하지 않는 것"(『人民日報』 04/03/15)이라고 주장했다. 평화 부상론에 나타난 중국의 국제질서를 보는 기본적인 관점은 다음과 같다(夏立平 2007, 194-197).

첫째, 화이부동(和而不同)의 세계관이다. 국가 간, 민족 간, 지역 간에 다양성이 존재하는 것은 불가피하고 문화적 특성을 상호 존중하고 공동으로 발전하는 것이 중요하다고 본다. 이것은 패권주의를 제어하고 합리적이고 공정한 국제질서를 구축하는 인식적 기초라고 보고 있다.

둘째, 새로운 문화가치관이다. 중국은 다원적 공존과 평화적 공존이 함께 있어야 한다고 본다. 중국이 서로 다른 태도와 선진적인 문명의 성과를 수용해야만이 중화 문명을 더욱 발전시킬 수 있다고 본다. 새로운 문화가치관을 대외 전략에 적용해 보면 핵심적 요소는 평화, 협력, 발전, 진보, 공정이라고 할 수 있다.

셋째, 새로운 국가이익관이다. 이것은 중국의 국가이익과 국제이익을 결합하는 것이다. 국제사회에서 상호의존도가 높아가고 비전통적 안보협력23이 중요해지는 상황에서 과거와 같은 무임승차 외교를 추구하기 어려울 뿐만 아니라, 중국의 국가이익과 인류의 이익을 결합해야만이 중국의 국가이익을 보장할 수 있다고 본다.

넷째, 새로운 안보관이다. 이것은 상호 신뢰, 상호 이익, 평등과 협력을 기반으로 하는 것이다. 즉 상호 신뢰는 협력의 사상적 기초이고 상호 이익은 협력의 물질적 기초이며, 평등은 협력을 실현하는 정치적 기초이고 협력은 안보를 실현하는 새로운 경로와 방식으로 간주하고 있다(劉靜波 2006, 30-34). 중국의 이러한 새로운 안보관은 세계 평화, 발전 추세를 반영한 객관적 요구이며, 21세기 국제 안보 구조의 중요한 기초로 보고 있다.

다섯째, 새로운 국제질서관이다. 중국은 다른 국가의 내정 개입까지 포괄하는 개념의 신 세계 질서(new world order)보다는 주권국가 '사이'의 질서에 주안점을 주는 신국제 질서(new international order)를 강조해 왔다(Wang 2006, 266-292). 이를 구체적으로 보면 정치적으로는 각국의 상호 존중, 대등한 협상, 국제분쟁의 평화적 해결을 추구하면서 자신의 의지를 타국에게 강제하지 않는다는 것이다. 경제적으로는 상호촉진, 공동발전을 추진하여 새로운 국제적 빈곤(Global south) 현상[24]을 줄여나가고자 하는 것이다. 문화적으로는 서로를 거울삼아 공동번영을 추구하는 한편 다른 민족의 문화를 배척하지 않는 것이다. 법률적으로도 유엔 등 국제조직의 역할을 지지하면서 국가의 합법적 이익을 보호하고 강권정치를 예방하고자 한다.

---

23 비전통적 안보를 지속가능한 발전의 안전문제(환경보호, 자원 이용, 전염병 등), 국가 또는 사회의 통제 상실이 국제질서나 지역 안보에 영향을 미치는 경우(인권, 난민 등), 초국가적 조직범죄(인신매매, 마약 등), 비국가 행위자가 국제질서에 도전하는 것(테러주의 등), 과학기술의 발전이 가져다주는 위협(유전자 안보, 정보 안보, 네트워크 안보 등)으로 구분하기도 한다(朱鋒 2004, 140).
24 글로벌 사우스라는 개념은 아리프 딜릭이 제3세계를 다시 명명한 것인데, 중국 같은 사회가 제3세계에 어떤 (전망을 보여 줄) 책임이 있는 것이 아닌가하는 차원에서 제기한 것이다(Dirlik 2006).

3. 평화 부상의 정책목표

2020년까지 전면적 소강사회를 건설하기 위한 중국의 대외 전략은 '세계 강국화를 위한 정상국가화'라고 할 수도 있고, 중국이 국제사회의 정상화에 깊이 참여하여 중국 위협론을 불식시켜 나가는 '정상국가' 자체를 목표로 한다고 볼 수도 있다(龐中英 2003, 310-311). 정상국가는 대다수의 국가와 같이 국가자신의 이익을 추구하는 한편 국제사회의 공동적인 이익을 추구하는 것이며, 이두 가지 이익이 충돌할 경우에는 가장 적절한 균형을 취하면서 국제사회의 규범의 제약과 행동의 제약을 받는다는 것을 의미한다. 따라서 중국의 외교 전략 목표는 2차대전 이후 완성된 영토를 존중하는 국제사회의 행위규범을 수용하는 한편 '정상국가'의 이미지를 구축하면서 전개할 가능성이 크다(Zacher 2001, 215-250).

다른 한편, 중국은 혁신형 국가를 추구하고 있다. 이것은 불리한 지연 정치 구조와 여러 유형의 안보딜레마(security dilemma) 속에서 기본 안보를 유지하고 평화, 정의, 지속가능한 발전을 통해 기본적 부유를 실현하며, 서방 주도의 질서를 변경하여 전 지구적 국제관계의 민주화를 촉진하는 것이다(時殷弘·宋德星 2007, 39-44).

이러한 목표 속에서 2004년 개최된 중국공산당 16기 4중전회에서 대외 전략의 대강이 제시되었다. 이에 따르면 중국 외교의 근본으로 이익관, 중국 외교의 기초로 협력관, 중국 외교의 원칙으로 국제관을 설정하였다. 현재 중국의 대외 전략은 이러한 기조에서 작동하고 있다. 특히, 후진타오 체제의 대외정책은 2001년 중국이 WTO에 가입하고 9·11 사건 이후 에너지 안보의 필요성 때문에 경제외교, 자원외교 활동을 두드러지게 강화하고 있다. 무역과 외자 도입, 원자재 확보 등 중국 경제의 관건이 되는 문제들은 안정적인 외부 환경이 없이는 불가능하다. 이러한 중국의 전략적 목표를 안보전략, 경제전략,

문화전략, 생태 환경 차원에서 살펴볼 수 있다.

첫째, 국가 주권과 통일의 실현이다. 중국의 경우 영토의 완전성에 대한 입장은 매우 완고하다. '주권이 인권에 우선한다'는 중국의 인식도 여기에서 출발한다(劉靜波 2006, 30). 따라서 중국은 미완의 과제로 남아있는 타이완 문제의 해결과 국경을 접하고 있는 국가와의 마찰을 줄이기 위해 주변 외교를 강화하는 데 깊은 관심을 가지고 있다. 이를 위해 일정한 군사비를 확보하여 외부로부터의 위협을 줄이는 한편, 군 현대화를 적극적으로 추진하고자 한다.

둘째, 종합 국력의 강화와 경제적 번영을 추구하는 일이다. 새로운 국제적 경쟁은 과거 영토를 둘러싼 쟁탈에서 자원과 시장의 영역으로 변화했다고 보고, 우주·해양·에너지 등 전략자원에 대한 안전망을 확보하는 데 주력하고 있다. 특히 2020년, 에너지의 대외 의존이 60%에 달하게 될 것이라는 에너지 강박관념(energy obsession)을 가지고 있다. 따라서 에너지 확보를 위한 협력과 갈등은 다른 영역을 지배할 수 있는 핵심 이슈가 될 것이다. 이를 위해 적극적으로 경제적 세계화 과정에 참여하는 한편, 대국 경제외교를 강화하고 있다.

셋째, 지역에서의 영향력 확대를 추구하고 있다. 특히 동아시아 지역은 중국이 세계적 영향력을 행사하는 데 있어 성패가 걸린 지역이다. 따라서 동아시아에서 경제적 주도 역량을 확보하고 여기에 근거하여 중국 부상의 근거를 마련하고자 한다. 이를 위해 국내적으로 대외무역 체제의 개편, 해외시장의 확대, 해외 기술과 자본 확보의 통로 마련, 전략적 자원의 확보 등에 주력하고 있다. 대외적으로는 북핵 문제나 타이완 해협의 불안정화를 방지하는 과정에서 자연스럽게 지역의 영향력을 확대하고 동남아와 자유무역 지대와 안보 협력을 강화하고 있다. 이를 통해 적어도 동아시아에서는 실질적인 다극질서가 먼저 등장하도록 하는 전략도 추구할 것이다.[25]

넷째, 국제사회와의 협력을 강화하는 것이다. 중국은 이미 '체계 밖의 국가'에서 '체계 내의 국가'로 전환했다. 물론 국제 체제가 복잡성, 제약, 모호성을 띠고 있을 뿐 아니라 '공정하고 합리적인 신질서'를 실현할 수는 없지만, 모든 영역에서 정보화, 네트워크화, 일체화를 가속화하면서 더욱 복잡해진 안보 문제에 대처해야 한다고 보고 있다. 특히 정보 공격의 방식이 다양화되면서 정보안보가 없이는 진정한 정치 안보, 경제 안보, 군사 안보도 없고 엄밀한 의미에서 국가안보도 없다고 보고 있다. 또한 9·11 이후 안보구성에 테러주의의 위협이 더욱 강화될 것이며, 민족 분열주의와 종교 극단주의 세력이 창궐하고 극단적인 폭력 수단이 등장하고 있는 상황에서 국제사회와의 공동 협력이 절실하다고 보고 있다.

다섯째, 다자협력이다. 중국은 국제질서가 균형을 이루면서 패권의 가치를 해소할 필요가 있다고 생각하고 있다. 그러나 이것은 중국이 반패권 전략을 유일한 방식으로 삼는다는 것을 의미하는 것이 아니라 다자협력을 중시하는 것이다. 사실 중국은 1990년대 중반 이전에는 '지역'(region)을 단위로 국제 문제에 접근하지 못했다. 왜냐하면 미국이 주도하는 다자협력 체제에서 중국의 인권, 타이완, 티베트 문제 등과 같은 민감한 사안들을 의제에 올릴 가능성을 우려했기 때문이었다. 그러나 1990년 중반 이후에는 '지역'을 통해 문제를 해결하는 방식을 적극적으로 수용하기 시작했다. 상하이 협력기구는 중국이 주도한 최초의 다자협력체였고 이러한 경험을 기초로 동북아에서 다자안보 협력의 구축에 적극적으로 나서고 있다. 여기에는 이러한 다자안보 협력체가 미국의 패권 전략을 상대적으로 약화시킬 수 있다는 판단도 반영되어 있다.

여섯째, 문화와 생태 전략이다. 문화는 연성 권력의 일종이며 향후 종합 국력을 평가하는 데 있어 그 중요성이 더욱 확대될 것이라고 보고 있다.[26] 이

---

25 동아시아에서 대결 전략이 전략적 감법(減法)이라면, 연합·협력·시혜 등의 방식은 전략적 가법(加法)으로 제시하였다(吳稼祥 2005, 261-267).
26 중국 연성 권력의 수준에 대해 정치력·외교력·사회력·문화력으로 구분하고 정치력과 외교력의

를 위해 '위대한 중화의 복원'이라는 국가 목표를 달성하기 위해 기존의 전통
문화를 적극적으로 세계에 전파하고자 한다. 또한 대중매체를 동원하여 중국
의 국가이미지를 제고하여 국제사회에서 중국의 지위를 높이는 전략을 세우
고 있다. 마지막으로 환경GDP의 개념을 도입하여 전통적 공해산업을 환경산
업으로 전환시키며 생태 개발(ecological exploitation)에서 생태 건설로 그 중점
을 옮기고자 한다. 이미 후진타오 경제 운용 정책의 철학적 기초인 '과학적 발
전관'에도 에너지 절약형 사회, 환경친화적 사회를 목표로 하는 성장 방식으로
의 전환을 추구하고 있다(『人民日報』04/02/17).

4. 평화 부상의 대외 전략

중국 평화 부상의 대외 전략은 국내 안정을 위해 중국 위협론이라는 중국
딜레마(Chinese dilemma)를 불식시키려는 방어적 현실주의(defensive realism)에
입장에 서 있다. 전 지구적 차원에서 중국은 국제 규범을 준수하면서 국제 협
력을 추구하고자 한다(Peng 2004, 64). 또한 미국의 일방주의를 제어할 효과적
수단이 없다는 힘의 한계를 인식하면서 무엇보다 미중 관계의 안정화를 위해
주력할 것이다. 따라서 서구의 평화적 전복 전략에 직접적으로 반대하는 전략
(Anti-peaceful evolution)을 취하지는 않을 것이다. 그럼에도 불구하고 장기적으
로는 다극화를 목표로 러시아와의 전략적 협력관계를 강화하면서 최소한의

발전은 매우 빠르지만, 사회력과 문화력은 상대적으로 완만하다고 평가하고 있다. 이런 점에서 중국
을 부상하는 과정에 있는 차강대국으로 보기도 한다(胡健 2006, 116-133).

세력균형(minimal balance of power)[27]을 유지하는 한편, 주변국과의 관계를 개선하여 지역 우선(regional primacy) 전략을 도입하고자 할 것이다(胡鞍鋼·門洪華 2005, 88-90). 또한 아프리카와 중동으로부터 에너지 수송과 남미 등지로부터 원자재와 식량 수입을 안정적으로 확보하기 위해 발전·자원 외교를 강화할 것이다(石田收 2006, 187-193). 이렇게 보면 중국의 세계전략은 여전히 중국의 화법대로 '도광양회'[28]가 기축이 되면서 때에 따라 필요한 역할을 하는(有所作爲) 형태로 운용된다고 할 수 있다.

1) 중국과 미국

중국이 '대국 관계'나 '선진국 관계'[29]를 규정하는 핵심 변수는 미중 관계이다. 왜냐하면 미국은 냉전 이후 세계 유일의 초강대국이고 앞으로도 상당 기간 동안 패권을 추구할 수 있는 능력과 야심을 가진 국가일 뿐 아니라, 중국에게 최대의 전략적 압력을 구사할 수 있는 국가이기 때문이다(王輯思 2007, 233).

흔히 미중 관계는 동상이몽으로 설명하고 있다. 이것은 서로 다른 꿈을 꾸고 있음에도 불구하고 같은 정치적 공간을 사용한다는 것을 의미한다(Lampton

---

27 중국이 최근 해양권(海權)을 강조하거나 석유 안보를 강화하는 흐름이 나타나고 있으며, 후진타오 출범 이후 실제로 남미와 중동 아프리카 순방을 통해 자원 외교를 추진한 바 있다(現代國際關係研究院 2004, 201-221).
28 이 용어는 삼국시대에 유비가 조조의 식객 노릇을 할 때, 조조를 기만하기 위해 썼던 전략이다. 즉, 조조의 참모들은 유비가 범상치 않은 인물이기 때문에 조기에 제거할 것을 건의하였다. 그러나 이를 알아차린 유비가 생존을 위해 자세를 낮추어 조조와 참모들의 경계심을 풀었던 것에서 비롯된다. 이 용어는 덩샤오핑이 1989년 9월, 중앙 책임자와의 대화에서 제시한 24자 방침 내용의 일부이다. 덩샤오핑은 이 중에서도 '도광양회'를 관건적인 문제라고 인식했다.
29 중국의 대국 전략과 대국 관계 사이의 관련성에 대한 초보적 분석은 蘇惠民(2007, 23-30), 張登及(2003) 참조.

2001). 미국은 9·11 이후 반테러, 핵의 비확산, 재건, 중동의 안정에서 중국과의 협력이 절실해졌다. 중국도 세계적 주도 국가인 미국과의 협력이 경제 안정과 사회 안정에 중요하다고 판단하고 있다(Wang 2005, 332). 이처럼 미중 사이에는 공동의 이익이 존재하고 있고 이를 안정화하려는 노력이 증가하고 있기 때문에 미중 협력 체계가 유지되고 있다. 실제로 1997년 장쩌민 주석이 미국을 방문했고, 1998년에는 클린턴이 중국을 방문했다. 이것은 중국에 대한 서구의 제재 동결을 의미하는 신호였다(Zheng 2001, 130). 뒤이어 후진타오와 부시의 정상회담을 통해 '전략적 관계'를 논의했고 군사·환경·과학기술·범죄 등 다양한 분야에서의 협력도 제도화되었다.[30]

그러나 미중 관계의 미래에 대해서는 다양한 시각이 존재한다(葉自成 2003a, 171-172). 우선 미중 관계를 부정적으로 예측하는 시각이 있다. 첫째, 현실주의와 제국주의의 관점이다. 이는 중국의 성장과 미국의 봉쇄가 필연적으로 충돌할 것이라고 본다(Department of Defence 2001, 3-4). 둘째, 이데올로기와 이상적 자유주의의 관점이다. 이 또한 중국의 경제 발전이 가져다 줄 도전적 요소가 미국과의 갈등을 야기할 것이라고 본다.[31] 셋째, 문명 충돌의 관점이다. 특히, 아시아의 맹주가 되려는 중국에 대해 미국이 도전한다면 대충돌이 나타날 것이라는 점이다. 넷째, 지연 군사 전략의 관점이다. 미국의 목적은 중국을 분열시키는 것이 전략적 목표이기 때문에 갈등이 불가피하다는 것이다. 마지막으로 역사주의적 관점이다. 즉, 역사적으로 국제 체제의 구조와 국제적 힘의 분포 사이에서 균형을 상실하여 패권 전쟁을 되풀이했던 것을 반영하고 있다.

---

[30] 이런 점 때문에 1950년대 이후 국제 문제를 처리해 온 미소 관계에 필적하는 수준으로 발전하고 있다고 보기도 한다(*The Washington Post* 02/01/02).
[31] 이런 시각은 중국 내 보수주의자들의 견해에서 자주 발견되는데, 미국의 단극 질서가 장기화된다고 보고 이에 적극적으로 대항해야 한다는 것이다. 예컨대 何新(1993), 房寧·王小東·宋强(1999, 47).

그러나 미중 간에는 완벽한 상호 신뢰를 구축하기는 어렵다. 우선 미국은 중국의 불확실성을 전제로 대중국 전략을 관철하고 있다. 그동안 미국의 대중국 정책은 중국 위협론에 근거한 봉쇄 정책과 당분간 동북아에서 중국이 미국의 전략적 지위를 인정할 것이라는 전제로 한 개입전략이 공존해 왔다. 이런 점에서 미국의 민주당과 공화당의 대중국 정책은 개입과 봉쇄의 수준과 강도의 문제이지 본질적인 변화를 가져다주는 것은 아니다. 즉 '인권은 주권에 우선한다'는 기조를 가졌던 클린턴 정부가 티베트 문제, 타이완 문제, 인권 문제를 처리하는 방식이나, 힘에 대한 맹신(respect for power)에 기초한 부시 정부가 인권과 종교 그리고 민주화를 중국에 파급함으로써 평화적으로 중국을 약화시키려는 정책은 동전의 양면과 같은 것이다. 이렇게 보면 미국의 대중국 정책은 미국과의 경쟁을 사전에 봉쇄하려는 군사적 단념전략(dissuasion strategy)[32]의 틀 내에서 작동하는 것이라고 볼 수 있다.[33]

무엇보다 소련의 해체로 인해 중국에 대한 안보수요가 감소하고 있고, 미국의 대중국 전략의 의존성이 점차 하락하고 있다. 또한 소련과 동구의 몰락 이후 소련에 대항한 미중 간의 전략적 협력관계의 틀도 해체되었기 때문에 협력의 틀이 공고한 것도 아니다. 여기에 미일동맹을 강화하면서 중국의 확장을 경계하는 방향으로 기능하고 있는 것도 갈등의 원인이다.

---

[32] 이에 따르면 핵 경쟁 회피, 미중 간의 정치적·군사적 경쟁의 사전 방지, 중국 인민해방군의 현대화와 타이완 장악 억지 등을 고려하지만, 근본적으로는 공산당 지배체제의 종식을 내용으로 한다(Brad 2004).

[33] 미국의 대중국 정책은 봉쇄와 관여 정책 사이에 근본적인 패러다임의 차이가 명확하게 드러나지 않는다(Canrong 2001, 135). 특히 미국의 중국 봉쇄론은 중국의 국제적 역할이 증가하고 국력이 확대됨에 따라 영향력을 행사할 수 있다는 범위가 갈수록 축소되고 있는 사실을 간과하고 있다. 즉, 미국이 관여와 봉쇄 카드를 적절하게 선택하면서 중국을 압박할 수 있는 차원이 아니라, 중국 문제에 '어떻게 관여할 것인가'라는 단일한 과제에 놓여 있다(Osius 2001, 131-132). 여기에 미국 정부와 의회의 관계, 타이완의 로비스트, 각종 이익집단과 압력단체, 시민사회라는 다양한 중국 압박의 카드를 활용하면서 '중국 위협론'을 유지해 왔다고 할 수 있다.

중국의 미국정책은 미중 관계의 안정화, 국력의 비대칭성, 장기적인 미중 관계의 민주화 내지 정상화라는 고민에서 출발하고 있다. 우선 중국은 미국에 대한 대중국 정책에 대한 체질적 반발과 의구심을 거두어들이지 않고 있다. 말하자면 미국의 대중국 전략이 봉쇄(containment), 포용(engagement), 조건적 포용(conditional engagement)으로 표류하면서 사실상의 무정형적 성격을 띠고 있는 가변성을 항상 주목해 왔다(Shambaugh 2001, 50-64). 더구나 중국은 9·11 사건 이후 미국의 세계전략이 선제공격(pre-emption attack)과 일방주의에 기초한 단일한 패권 체제를 구축하는 것으로 바뀌고 있다고 보고 있다(『人民日報』 03/05/29). 나아가 아프가니스탄과 이라크 전쟁을 통해 폭력성을 드러낸 미국의 신보수주의 노선이 북한을 목표로 삼아 전선을 이동하면서 동아시아 고전적 세력균형 체제가 변하고 있고, 이것이 중국을 봉쇄하기 위한 것이라는 우려를 가지고 있다.

그럼에도 불구하고 중미 간 갈등을 악화시키는 행동을 자제하면서 책임 있는 이익 상관자 관계 속에서 자국의 이익을 극대화하는 게임을 하게 될 것이다. 이런 차원에서 중국에서는 미중 관계의 발전 방향에 대해 4C 즉, 교류(communication), 상호 보완(complementary), 협조(coordination), 협력(cooperation)을 제시하기도 했다. 첫째, 전략적 상호 신뢰 문제에 대한 교류와 소통을 강화하고 신뢰를 증가시킨다. 둘째, 경제문제와 에너지문제에 있어 양국 사이에 보완적인 장점을 찾아내고 단점을 보완한다. 셋째, 지역 문제에 있어 협력을 강화하고 충돌을 피한다. 넷째, 비전통적 안보 문제에서 협력을 심화하며 양국의 전략적 기초를 확대한다. 다섯째, 서로 다른 문명의 소통을 추진한다는 것이다.[34]

---

34 2006년 4월 19일 "중국 평화발전의 길과 중미 관계의 미래," 라운드테이블에서 쩡삐젠의 주제 강연(쩡삐젠 2007, 145-160).

　　중국은 기본적으로 타이완 문제와 같은 주권에 대한 간섭이 나타나지 않는 한, 대미관계에서 균형(balancing)을 추구하기보다는 사실상의 편승 전략을 당분간 추구할 가능성도 있다. 실제로 중국은 미일안보동맹의 강화, 타이완 문제 등 중국의 국제안보적 이해와 직결된 사안에 대해 효과적으로 대응하지 못하고 국력 차이를 인정하고 국가이익의 관점에서 이를 수용해 왔다(Zweig 2001, 246-247). 이러한 맥락에서 최근 중러 관계의 급속한 발전이 동맹으로 전환되어 미중 갈등으로 확산될 가능성은 크지 않다.

　　이러한 온건한 대미정책을 추구하는 것은 미중 관계의 악화가 가져다 줄 위험을 방지하기 위해서이다. 즉 미중 관계의 악화는 외자에 의존한 중국의 경제 발전 전략에 차질을 가져올 가능성이 크다. 또한 미중 갈등은 아시아에서 일본의 역할을 규모 이상으로 확대하여 동북아 패권 경쟁을 조기에 가져올 수도 있다. 따라서 중국은 미중 관계가 사안별로 갈등할 수 있는 여지는 많으나, 중단기적으로는 공동이익에 기초한 협력을 추구할 수밖에 없다는 것을 수용하고, 대결과 동맹 사이의 정책, 즉 평화공존과 비동맹·비대결·협력호혜라는 전략적 선택지 사이에서 정책을 결정하고 있다(葉自成 2003a, 233-236).

2) 중국과 주변국 그리고 동북아

　　중국은 주변 이웃국가와의 관계를 강화하기 위해 화목(睦隣), 안정(安隣), 공동번영(富隣)이라는 삼린(三隣) 정책을 제시하였다. 중국이 러시아, 파키스탄, 베트남, 인도, 미얀마, 동남아 국가 등 국경을 마주한 국가와 최근 관계를 강화한 것은 이러한 차원에서 이해할 수 있다.

　　특히, 러시아와의 관계는 과거 프랑스와 독일의 화해 협력 수준을 넘어서고 있다. 교류의 방식은 실제적이고도 지속적이며, 협력의 범위도 경제는 물론이고 군사와 에너지 분야에 이르기까지 전방위적으로 확산되고 있다 (Dittmer 2004, 335-342). 양국은 이미 2001년 상하이 협력기구를 통해 국경 문제를 해결하고 군사 안보 협력을 강화한 바 있다. 뿐만 아니라 2003년 5월 후진타오 주석이 러시아를 방문하여 양국이 유사시 공동으로 대응한다는 사실상의 군사동맹조약을 체결하여 '전략적 동반자 관계'를 강화했다(Shutter 2005, 107-122). 이것은 북대서양조약기구(NATO)의 확대에 대한 대응, 국경 지대의 병력 감축, 러시아의 무기 판매, 타이완 독립 운동에 대한 후견 세력의 확보, 중국 봉쇄 가능성에 대한 대비라는 공동의 이해가 있었기 때문이다.[35] 더 나아가 느슨한 형태이기는 하지만 중국은 러시아, 북한과 함께 북방 삼각축을 구축하여 미국이 주도하는 남방 삼각축에 대한 최소한의 방어벽 구축에도 적극적이다(이희옥 2004a, 37-40).

중국의 동아시아 주변 전략은 아세안(ASEAN)을 우호 세력으로 확보하는 정책으로 나타나고 있다. 중국은 동아시아에서 세력균형을 유지하기 위해서는 미국, 아세안, 한국이 지역 균형자의 역할을 할 수 있을 것으로 본다. 그러나 동아시아 패권 경쟁이 중일 간에 나타날 가능성이 크다고 볼 때, 역외세력이자 일본에 경사된 미국이 중일 간 균형자의 역할을 수행하는 것은 중국의 반대로 어려울 것이다. 한국의 균형자적 역할도 역사 문제 등 연성 권력에 속하는 영역에 사안별로 참여할 수는 있으나 현실적으로는 제한적일 것이다. 이런 점에서 향후 동아시아지역의 균형자 역할은 ASEAN이 할 가능성이 있다. 특히, 균형자 역할은 주권국가를 대신하여 지역협력체가 개입할 수 있는 틀이 바람직

---

[35] 2003년 러시아를 방문한 후진타오는 미국의 일방주의를 비판하고 새로운 국제적 규범을 제시했다. 즉, 국제관계의 민주화, 다양성의 존중, 신뢰·호혜·평등·협력에 기반한 안보관, 전 지구적 균형발전, 유엔과 안보리에 대한 역할 존중 등이다(『人民日報』03/05/29). 이어 2006년 러시아 방문 때에도 조화외교 전략이 유라시아 대륙을 전략적 근거지로 보는 미중유의 대전략을 담고 있다는 시각도 있다(『中國時報』06/06/19).

하다고 인식하면서 이 지역에 대한 전략적 관심을 투사하고 있다(Pempel 2004, 221-258). 2010년 중국과 아세안 사이에 자유무역협정이 공식적으로 발효되기 이전에 중국의 양보로 이미 실질적인 협력이 이루어지고 있으며 2006년 7월부터 상품 분야의 교역이 시작되었다. 이것은 ASEAN을 중심으로 한 동아시아 지역협력을 통해 이 지역의 주도권을 확보하려는 중국의 의도 때문이다(이장규·이인구 외 2006, 49-59). 나아가 중국은 화교 자본과 중화 경제권 그리고 동아시아 경제권에서 주도권을 행사하려는 실리적 전략을 추구하고 있다.

이러한 주변국 전략은 세계적 차원에서 미국과 경쟁하기 위해서는 국력을 강화하여 아시아의 거점을 마련해야 한다는 장기적 구상의 일환이기도 하다.[36] 그리고 그 전략적 투사는 동북아에서 패권적 지위의 확보로 나타나고 있다. 동북아시아 지역은 2005년 기준 무역액이 2,988억 달러(북한, 한국, 일본, 몽골)에 달하고 있고 여기에 러시아와 극동 지역의 무역액을 더하면 3천억 달러를 상회하고 있다. 이것은 중국 대외무역 총액의 22%, 동아시아 무역 총액의 70%에 달한다.[37] 안보 영역에서도 동북아는 중국의 중요한 전략적 요충지이자 태평양의 문호일 뿐 아니라, 어느 행위자도 경제적·사회적 발전이라는 공동의 이해를 깨려고 하지 않는 분쟁 억제적 요인이 균형을 유지하고 있다. 그러나 동북아에는 냉전의 종식에도 불구하고 냉전적 잔재가 남아있다. 즉 타이완 독립운동, 티베트 문제, 주한미군 주둔 문제, 일본의 재무장화, 동중국해

---

[36] 장쩌민 시기 이후 중국의 동아시아 정책(엄밀한 의미에서 중국에는 동북아 정책이라는 개념이 없다)의 함의는 국력 증강, 타이완 문제와 소수민족 지역에서의 주권 보호, 지역 강대국으로서의 지위 확보에 있었다. 머셔(Steven Mosher)에 의하면 중국은 타이완 수복과 남중국해에 대한 분명한 통제권을 주장하는 기본 패권(basic hegemony), 중국 제국의 영토를 청나라의 최대 판도 수준으로 확장하는 지역 패권(regional hegemony), 전 세계에서 현재의 범미국주의를 범중국주의로 대체하여 미국과 경쟁하는 세계적 패권(global hegemony)으로 구분했다(Mosher 2000, 99).
[37] 동북아 지역 내 역내 교역은 32.5%, 투자 비중은 19.2%에 달하고 있다. 동북아 지역 내 자세한 경제지표를 종합한 것으로 박종철 외(2007, 82-89) 참고.

를 둘러싼 중일 경쟁, 북한 핵 문제라는 분쟁 유발적 요인이 있다. 이 과정에서
동북아에는 새로운 질서가 출현하지 않은 채, 정치적·경제적 발전이 예상 밖
으로 전개되었다. 이것은 중국과 러시아의 협력관계, 주요 강대국 간의 전략
적 구조의 명확한 붕괴, 정치적 또는 경제적 공동체의 붕괴, 남북한과 양안 문
제의 어려움 등에 의한 것이다(Dittmer 2004, 335).

특히 동북아에 대한 중국의 관심은 미국 대외 전략의 중점이 동(북)아시아
로 옮겨오면서 본격화되고 있다.[38] 특히 후진타오 체제 출범 이후 북핵 문제, 러
시아와의 전략적 제휴, 동북 지역 경제 부흥의 필요가 등장하면서 미주와 유럽
연합에 이어 동북아를 제3의 지각판(lithosphere plate)으로 간주하면서 이 지역
에 대해 전략적 관심을 투사하고 있다.[39] 따라서 이 지역은 세계 초강대국의 이
해가 결집된 지역으로 중국의 장기적 중심 지역으로 설정되었다(龐中英 2004,
183-184). 이처럼 중국은 세계적 초강대국보다는 지역 강국(great power)으로서
의 위상을 확보하고자 한다. 사실 중국은 전통적으로 지역정책으로서의 동북아
정책이 존재하지 않았다. 그러나 북핵 문제가 확산되고 중일 갈등이 본격화되
었으며,[40] 한국에서 동북아 구상이 주요한 정책 어젠다로 설정되면서 중국도
동북아의 중요성에 주목했고 좀 더 구체적인 동북아 정책을 수립하기 시작했

---

[38] 지역(region)은 국가들 사이의 공유된 사회 문화적 유산, 정치적 태도, 지리적 근접성, 경제적 보
완성을 특징으로 하고 있으나 문화적으로 서로 다른 국가들도 섞여 있다. 지리적 근접성과 정치적·
경제적 관련성만을 가지고 동북아를 구획할 때, 한국·중국·일본·타이완·북한·러시아·미국·몽골 등
을 포괄할 수 있다(Dittmer 2004, 331-332).
[39] 중국의 동북아 안보 정책에 대해서는 中國現代國際關係研究院(2006, 123-144), 동북아판에 대
한 변화에 대해서는 上海福卡經濟豫測研究所(2004, 219-229) 참고.
[40] 그러나 경제 교역의 규모가 크고 협력의 필요성 때문에 개선의 가능성이 있다. 실제로 중국은 중
일관계에서 기존 관례와 합리적 이해관계에 따라 정상적·합리적·타산적으로 행동하는 정상외교가
있는 반면 자국의 감정을 솔직하게 표출하는 또 다른 모습이 있다. 이러한 중국의 대일본 외교를 두
고 합리적 이익에 근거한 외교(sense diplomacy)와 감정과 욕망의 세계를 반영하는 외교(sensibility
diplomacy)가 있다고 본다(서진영 2006, 270-272).

다. 그 결과 중국의 동북아 전략은 위험 분산 전략(hedging strategy)의 차원에서 다양한 변수를 고려하면서 추진되고 있다.[41] 왜냐하면 동아시아 지역을 둘러싼 미국과의 경쟁, 중일관계의 변화, 한반도 상황의 유동성, 전 지구적 경쟁 속의 경제 발전, 정보의 도전, 타이완 이슈를 둘러싼 긴장 상황 등을 모두 고려해야 하기 때문이다.

이런 점을 고려할 때, 중국의 동북아 안보 정책의 목표는 첫째, 제로섬게 임을 피하고자 한다. 둘째, 지역 내에서 갈등과 모순을 피하면서 상호 신뢰를 추구한다. 셋째, 경제무역, 에너지, 투자 등의 영역에서 협력을 강화한다. 넷째, 냉전의 잔재인 군비 확산, 역사 인식, 영토 분쟁 등을 합리적으로 해결하면서 동북아의 경쟁력을 높인다. 다섯째, 북한 핵 문제를 일방적이 아니라 합리적으로 처리한다. 여섯째, 비전통적 안보 영역을 강화하는 데 있어 전면적으로 협력한다, 일곱째, 동북아 지역 협력을 강화하는 데에 있다(中國現代國際關係研究院 2006, 135-144).

5. 평화 부상 외교 전략의 과제

중국은 수십 년 동안 국제 규범이라는 범주에서 보면 국외자(outsider)였고 미국은 상대적으로 인사이드였다. 이것은 국제제도에 대한 참여도, 규칙 준수 의지, 현재 준수하고 있는 국제제도를 기회가 된다면 변경할 의지가 있는가

---

41 위험 분산은 불확실한 상황에서 국가이익을 보장하는 다양한 방법을 의미한다. 이것은 불안정한 지역적 맥락이라는 다양한 환경에서 국가이익을 얻기 위해 실제 목표를 숨기는 것도 포괄하고 있다 (Shutter 2003; Shutter 2006, 273).

하는 지표(Johnson 2004, 67-68)에서 보면 중국은 현상 타파를 원하지 않고 있으며 그만한 능력을 가진 것으로 평가하기 어렵다.[42] 왜냐하면 중국은 약 80%의 국제제도에 능동적으로 참여하기 시작했고 비확산과 자유무역 분야에서는 상대적으로 명확한 입장을 취하고 있기 때문이다. 또한 중국은 새로운 규칙에 비교적 충실하게 적용했으며, 국제 문제를 두고 전개되는 갈등의 성격도 현상 타파라기보다는 이해 충돌의 측면이 더욱 강하다고 할 수 있다.

그러나 중국이 평화 부상의 외교 전략을 구사하는 데에는 많은 난관이 존재한다. 이것은 주로 국내적 요인과 외부 환경으로 구분할 수 있다. 국내적으로는 중국 사회주의 초급단계론이 상징하는 바와 같이 인구가 많고 경제적 기반이 여전히 취약하며, 1인당 자원이 부족하고 불균형한 발전 상태에 놓여 있다. 이러한 사회주의 초급단계의 과도기적 성격은 2050년에 도달해서야 완성될 수 있을 것이다. 타이완 독립 문제와 티베트, 신장-위구르 지역의 분리주의 운동 등도 대외 전략을 수립하는 한계로 작동하고 있다.

또 하나의 걸림돌은 외부 환경이다. 무엇보다 단일 패권을 유지하는 데 있어 가장 큰 걸림돌이 중국이라고 판단하고 있는 미국이 인권, 군비 통제, 종교 문제, 티베트 문제, 민주화, 인민폐 평가 절상 문제 등 다양한 수단을 통해 중국에 대한 평화적 전복 정책을 버리지 않고 있다. 여기에 타이완에게 무기를 판매하고 군사적 우산을 제공함으로써 실질적으로 중국의 주권 문제와 현실 정치에 실질적으로 개입하고 있다. 지역 문제에 있어서도 미일 군사동맹 체제의 강화, 아태 지역에서 미국의 군비 증강과 대외 전략축의 아태 지역으로의 이동, 전역 미사일체제(TMD)의 구축, 한반도 문제를 통한 중국 견제, 에너지 수송로 확보 문제 등 불안정 요인을 가지고 있다.

---

42 중국 외교가 현상 타파 의지가 있는가에 대한 토론은 Xiang & Shambaugh(2001, 7-30) 참조.

따라서 중국은 이러한 모순을 극복하고 평화 부상을 실현해야 한다는 이중적 과제를 안고 있다(時殷弘, 2006, 234-236). 그러나 이러한 현상을 극복하는 것 못지않게 새로운 외교의 이미지를 보여 주어야 하는 과제를 동시에 안고 있다(Ramo 2007, 20-26). 이것은 중국 외교의 발상의 전환을 요구하는 것이기도 하다. 첫째, 대외 원조 문제이다. 중국의 국가이익은 국가 생존, 정치적 인식, 경제적 이해, 국제적 지배, 국제사회에 대한 기여 등을 포함하고 있다. 그러나 중국은 국가생존을 위해 국내발전에 우선순위(domestic priorities)를 둔 반면 국제사회에 대한 기여는 상대적으로 낮았다(Zheng 1999, 124). 이런 점 때문에 중국은 존경받는 대국이 되지는 못했다. 둘째, 중국과 아세안 무역지대의 구상을 통한 자유무역의 확대 문제이다. 이것은 중국 위협론을 해소하는 데 기여할 수 있을 것이다. 셋째, 중일 관계의 재구성이다. 중일 양국은 비정상적인 정치적 '적대적 공존' 관계에서 경제협력과 지역협력을 강화할 필요가 있다는 점이다. 넷째, 양안 문제의 의존성이 강화되는 상태에서 타이완 독립을 우회하여 협력을 강화하는 문제이다. 다섯째, 현실적 안보 문제와 지역 정치경제의 발전 추세를 결합하는 문제가 남아 있다.

제4장

사회경제 전략

1996년 이스탄불에서 개최된 제2차 유엔인간정주(human settlements)대회는 21세기가 도시의 세기라고 선언했다. 스티글리츠(Joseph E. Stiglitz)도 미국을 중심으로 하는 신기술 혁명과 중국의 도시화가 21세기 세계경제를 변화시키는 양대 축이라고 보았다. 특히 도시화 과제는 중국의 국가 발전 전략의 핵심적인 이슈이다. 왜냐하면 농업 잉여 노동력을 질서 있게 도시로 이전하여 산업구조를 고도화한다는 소극적 성격을 넘어, 실업 문제, 내수 시장 확대, 사회적 불평등의 완화, 지속가능한 발전 등 중국 사회의 존재 방식과 관련되어 있기 때문이다. 중국의 지속가능한 성장과 국가대전략의 성패가 도시화 전략과 맞물려 있는 이유도 여기에 있다(이희옥 2005b, 75-109).

실제로 중국은 기본적으로 현대화된 국가를 만들기 위해서는 2050년까지 도시화율을 70~80%로 끌어올려야 한다고 밝혔다. 이는 연간 도시화율이 0.78~0.98%의 속도로 성장한다고 전제할 경우, 향후 2050년까지 매년 1,400만 명씩 도시인구가 증가된다는 것을 의미한다. 따라서 도시문제는 중국의 모든 정책 역량을 집중해서 풀어야 할 전략적 과제인 셈이다. 실제로 '제11차 5개년 규획'(2006~2010)을 통해 당면한 사회적 모순을 열거하고 가장 중요한 정책 방향으로 국내 공업 생산의 70%, 공업 증가치의 60%, 3차 산업의 80%, 세수의 80%를 차지하는 도시 발전을 가장 중요한 대안으로 제시했다.[1] 후진타오-원

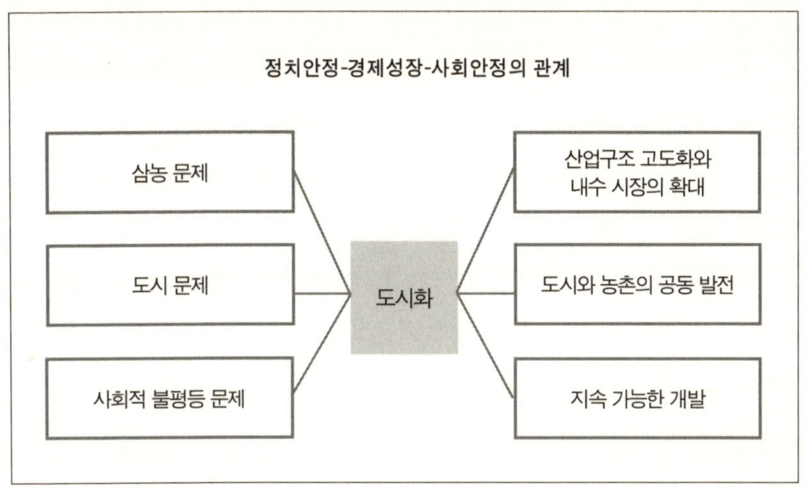

자바오 체제가 사회주의 조화사회를 추구하는 배경도 '조화를 막는' 가장 구조적인 원인이 인구-산업-소비-시장 등이 복합적으로 연계된 도시화의 지체에 있다고 보았기 때문이다. 따라서 도시를 어떻게 재편할 것인가의 문제는 중국의 산업정책과 사회정책의 중요한 요소로 등장했고 구체적으로는 종합적 도시 발전 전략, 최적 도시 문제, 도시 혁신 문제가 중요한 고려사항이 되고 있다.

중국의 도시화는 〈그림 4-1〉과 같이 중국의 지속가능한 성장을 지속할 수 있는 사회정책의 일종이다. 왜냐하면 농업-농촌-농민이라는 삼농 문제의 구조적 해결, 노동력의 이동과 흡수, 내수 시장 확대, 지역 격차 해소, 산업구조 조정, 과학기술의 발전, 지역 개발, 법치와 인구 소양의 제고를 해결할 수 있다

---

1 이것은 전국정책자문공작회의 보고 문건으로 '11·5규획'에 대한 중요한 이론적 틀을 제공한 것이다 (王夢奎 2005c, 3-16). 이를 근거로 11·5규획의 체계가 갖추어진 것으로 볼 수 있다(中共中央關於制定國民經濟和社會發展第十一五年計劃的建議編輯組 2005, 7-8).

는 점을 함께 내포하고 있기 때문이다. 도시화의 지체와 정책적 실패는 중국의 위기를 표면 위로 등장시켜 중국 사회의 위기를 가속화할 가능성이 크다.

첫째, 중국의 가장 큰 고민은 농업·농민·농촌이라는 이른바 '삼농' 문제를 해결하는 것이다. 중국 당정이 농업 문제를 지속적으로 '제1호 문건'으로 하달하는 것도 이 문제의 심각성 때문이다.[2] 중국의 농업 문제는 도농 격차, 농촌 발전을 위한 국가재정의 문제, 지방의 제후(諸侯)경제, 산업구조의 고도화 문제, 급격한 도시 진출로 인한 도시의 주택과 사회문제 등과 맞물려 있다. 따라서 이러한 삼농 문제는 농업 자체의 발전으로는 해결할 수 없으며 도시화의 과제와 긴밀하게 연동되어 있다. 이 중에서도 핵심은 개혁개방 이후 1억 2천만 명에서 1억 5천만 명이 농촌을 떠났고(South China Morning Post 03/01/22), 앞으로도 1억 5천만 명 이상으로 추산되는 농업의 과잉 노동력을 '질서 있게' 도시로 이동시키는 것이다. 이미 발달한 연해 지역에서는 노동자의 임금 상승과 노동력 부족으로 인해 값싼 농민 노동력을 찾고 있으며, 도시의 민간 기업이 성장하면서 농민공을 흡수할 수 있는 산업 기반도 어느 정도 형성되었다. 이런 점에서 일시적이고 계절적으로 농민공과 농업 자체의 노동력을 도시로 안정적으로 이전시킬 필요가 있다.

둘째, 도시화를 통해 실업과 노동력을 흡수하는 것은 불가피하다. 현재 중국의 인구구성을 볼 때, 적어도 노동력 공급 과잉의 추세는 2015년까지는 지속될 것이다.[3] 그럼에도 불구하고 중국 경제는 1990년대 기록한 고용탄성계수 0.1% 수준을 극복하지 못한 채, '고용 없는 성장' 추세가 지속되고 있다(張東偉·

---

2 개혁개방 이후 중국 정부는 1982년 중공 중앙이 삼농 문제 해결을 1호 문건으로 하달한 이후 2006년까지 모두 여덟 차례나 1호 문건으로 제기했다. 2004~2006년에는 연속적으로 삼농 문제 해결을 하달했으며 그 해법도 도시와 농촌의 동시 발전 전략을 제시하였다(連玉明·武建忠. 2006, 6-9).
3 2001~2050년의 중국 노동 연령 인구 추계 조사에 의하면 2016년까지 노동 연령 인구가 지속적으로 증가하고 노동력 공급도 따라서 증가한다고 보고 있다(張東偉 2004, 159).

蔡昉 2002, 62-68). 여기에 매년 새롭게 증가하는 취업 인구와 젊은 농촌인구가 도시에서 일자리를 찾는 현상도 지속되고 있다. 중국 정부가 2006년 말 기준 공식 실업률을 4.1% 수준에 있다고 발표하고 있으나 실질 실업률은 7~8%(심지어 22.9% 수준)에 달하고 있다.[4] 이러한 현상은 고용 창출 효과가 큰 도시 건설과 도시 산업구조의 변화 없이는 극복이 불가능하다는 것을 의미한다.

셋째, 도시화는 내수 시장을 확대하는 효과가 있다. 중국 경제의 안정적 발전을 위해서 부진한 내수 규모를 확대하는 것은 불가피하다. 이를 위해서는 적극적인 재정 정책과 함께 도시 형성을 통한 소비 확대가 관건적이다. 특히, 도시화 건설 과정에서 발생하는 신규 투자와 도시산업 특히 3차산업의 발전이 대안으로 부상하였다.[5] 사실 도시인구의 비중이 낮고 내수 여력이 제한되어 있기 때문에 중국의 3차산업의 지체는 지속적인 고속성장을 불가능하게 한다. 일반적으로 도시화율이 1% 증가하면 GDP는 1.5~2% 증가한다(仇保興 2004, 49). 그리고 농업 노동력 1%가 비농업 노동력으로 전환할 때 GDP는 0.5~0.85% 증가하며, 농촌인구 1%가 도시인구로 전환할 때 주민의 소비 증가는 0.19~0.34% 증가한다. 2020년까지 약 10%의 농업 노동력을 도시로 이전시키면 도시 주민의 소득을 20% 이상 증대시키는 효과가 있다.

넷째, 지속가능한 개발의 문제이다. 중국의 환경문제는 중국의 지속가능한 발전을 막는 중요한 변수이다. 제11차 5개년 규획에서도 2005년 대비 단위 에너지 소비를 20% 줄일 것을 결정했다. 특히, 수질오염과 농경지의 축소는

---

4 실질 실업률을 8% 이상으로 잡고 있는 경우는 아시아개발은행 등의 통계이고 농업 부분을 포함하여 20% 수준까지 보는 경우는 Economic and Development Review Committee(2005) 참조. 공식 실업률은 실업 상태의 이주민과, 실직을 했으나 여전히 회사나 사회보장 제도에 의존하고 있는 노동자들과 사회 분담금을 내지 못했기 때문에 아무런 보장을 받지 못하는 청년 실업은 반영되지 않는다.
5 1인당 3만 위안 정도의 도시 기초 설비와 주택 투자가 증가한다고 볼 때, 2억 명의 도시인구가 증가하면 약 6조 위안의 투자 수요가 발생하는 것이다(周牧之 2005, 77; 仇保興 2004, 46).

현재의 농업위기를 가중시킬 뿐 아니라, 농업 노동력의 도시 배출 압력을 증가시키는 원인이다. 또한 지방의 개발구 열기도 환경을 침해하는 요인이다. 향후 20년간 2억 명의 농민이 도시로 이전하게 되면, 도시 1인당 건설 용지는 원래 촌에 건설하게 될 건설 용지 1,200만 무를 절약하게 되며, 이 중 상당 부분은 토지구획을 거쳐 좋은 농지로 전용될 수 있다(周牧之 2005, 78).

1. 최적 도시 논의

인구와 생산력이 어떤 일정한 지역에 모여 있는 형태가 도시이다. 중국에서 최적의 도시화[6]를 어떻게 추구할 것인가를 둘러싼 논쟁이 진행되고 있다. 일반적으로 도시화(urbanization) 개념은 스페인의 엔지니어인 세르다(A. Serda)가 1867년 『도시화의 기본원리』라는 책에서 언급한 이후 다양한 학문 영역에서 사용되어 왔다. 현재 도시화 개념은 엘드리지(H. T. Eldrige)가 도시의 성격과 특징이 확산(diffusion)되는 과정, 도시 행동과 소양이 다른 인간 집단과 교류하면서 강화(intensification)되는 과정, 인구가 집중(concentration)되는 과정을 포괄하는 것으로 사용된다(Eldrige 1956, 1-24). 그러나 중국에서 공식적으로 사용되는 도시화 개념은 건설부가 정의한 "인간생활과 생활방식이 농촌형에서 도시형으로 전환하는 과정이며, 주로 농촌인구가 도시인구로 전환하고 도시가 완전화를 향해

---

6 일반적으로 도시화는 총인구에서 차지하는 도시인구를 의미한다. 세계은행 등의 국제 통계의 관례에 따르면, 30% 이하는 저수준의 초기 단계, 30~70%는 중등 수준의 도시화로 중기 단계, 70% 이상은 고도의 도시화로 성숙기로 구분한다(劉學民 2005, 35). 현재 선진국의 도시화는 80% 수준이고 세계적으로는 50% 수준이며 개발도상국의 경우 42%이다. 이러한 기준에 따르면 중국은 개발도상국의 도시화에 진입했다고 할 수 있다.

지속적으로 발전하는 과정”(中國人民共和國建設部 1999)이다.

중국 학계에서 이러한 도시 개념을 둘러싼 논의는 크게 다섯 가지로 정리할 수 있다(劉傳江·鄭凌云 2004, 3-4). 즉 농촌이 지속적으로 도시화가 진행되어 도시로 동화되는 것, 농촌 내부 자체의 도시화, 도시 자체가 발전하는 이른바 ‘도시의 도시화’, 서로 다른 분과 영역의 도시화, 예컨대 인구 도시화, 지역 도시화, 경관 도시화, 공업 도시화 등 도시화 전체 운동 과정의 도시화라는 추상적인 의미로 사용된다. 그리고 ‘도시’(urban place)를 도시(city)와 성진(town)으로 구분하기도 하고 기존 도시가 농촌인구를 흡수하는 전형적인 의미의 도시화(城市化)와, 농촌인구가 소성진으로 이동하는 도시화(城鎮化)로 구분하기도 한다.[7]

중국의 경우 농촌인구가 소성진으로 진출하는 규모가 크고 비율도 높기 때문에 농촌 도시화는 도시화의 중요한 요소의 하나이다. 그리고 중국의 도시화 정책도 1980년 국가건설위원회의 ‘대도시 규모를 억제하고 중등 도시를 합리적으로 발전시키며 소도시를 적극적으로 발전시킨다’는 것에 기초하고 있다. 그러나 이후 1989년 12월 〈중화인민공화국 도시계획법〉에는 ‘대도시 규모를 엄격하게 통제하고 중등 도시와 소도시를 적극적으로 발전시킨다’는 것으로 변경하였다. 대도시의 발전을 통제하기 위해 농촌인구를 도시로 이전하고 농업 노동력을 비농업 노동력으로 이전하는 과정에서 농촌인구의 대도시 유동을 제한하기 위해 ‘토지를 떠나지만 농촌을 떠나지 않는’(離土不離鄉) 정책을 추진하였다. 이를 통해 중소도시와 소도시로 농촌인구를 흡수하고자 했다. 이렇게 보면 중

---

7 도시화는 도시, 심지어 대도시를 주체로 인구를 흡수하고 생산요소를 집중하는 것을 의미하는 반면, 소성진과 도농 일체화라는 개념은 중소 도시와 소성진을 발전시켜 도농 간의 차이를 줄여 나간다는 것이다. 이러한 성진화 개념을 정부에서 공식적으로 사용한 것은 2000년 10차 5개년계획부터이다 (“中共中央關於制定國民經濟與社會發展第十個五個年計劃的建議.”『人民日報』 2000/10/19).

국의 도시화 과정은 여전히 시장의 기능에 따라 움직이는 측면이 있으나, 여전히 정부가 주도하는 정책을 통해 조정되는 경향이 강하다(劉學敏 2005, 34).

중국의 도시화 논쟁은 도시의 최적 규모, 도시 용지, 공간 배치 전략 등으로 전개되었으나 핵심은 대도시 발전 전략, 중등 도시 발전 전략, 소성진 발전 전략 등 도시의 최적 규모를 둘러싼 것이다.[8] 이러한 도시 최적화의 목표는 '과도 도시화'를 피하는 동시에 '도시화 지체'를 극복하는 데 있었다. 즉 농업 생산력을 극대화하고 산업구조를 조정하기 위해 도시 중심의 성장은 불가피하지만, 도시 규모는 극단으로 성장할 수 없다는 근본적인 한계를 가지고 있다. 1960년대 큰 논쟁을 일으켰던 도시 최적 규모(optimal city size) 이론도 도시 규모가 일정한 한도를 초과하면 집적효과가 떨어진다는 점에 근거하고 있다. 그러나 리처드슨(Henry W. Richardson)의 주장과 같이 최적 규모의 도시와 실질적 현실 사이에도 모순이 존재한다(郭培章 2004, 19).

1) 대도시 건설론

대도시 발전 전략(Zhao, Roger and Sit 2003)은 〈표 4-1〉과 같이 선진국의 발전 경험에 비추어 도시 규모가 클수록 경제 효율이 높다는 것이다. 이 논리는 인구 300만 명 이상의 도시가 인구 20만 명 이하의 도시에 비해 1인당 GDP는 2.8배라는 분석에 근거하고 있다. 즉 대도시화가 21세기 도시경쟁력의 핵심이

---

[8] 일반적으로 도시화는 총인구에서 차지하는 도시인구를 의미한다. 세계은행 등 국제 통계의 관례에 의하면 30% 이하는 저수준의 초기 단계, 30~70%는 중등 수준의 도시화 또는 중기 단계, 70% 이상은 고도의 도시화로 성숙기로 구분한다(劉學民 2005, 35). 현재 선진국의 도시화는 80% 수준이고 세계적으로는 50% 수준이며 개발도상국의 경우 42%이다. 이러한 기준에 따르면 중국은 개발도상국의 도시화에 진입했다고 할 수 있다. 도시화 논쟁에 대한 쟁점 정리는 劉學民(2005, 35-42), 連玉明(2005, 7-8)을 참고. 최적 도시의 이론적 모형에 대한 논의는 郭培章(2004, 18-21) 참고.

<표 4-1> 도시 규모와 1인당 GDP 통계

도시 규모(만 명)	> 200	200~100	50~100	20~50	< 20
1인당 GDP(위안)	13,700	12,300	11,700	7,330	5,340

출처 : 趙新平·周一星(2002)를 郭培章(2004, 20)에서 재인용.

라는 것이다(周牧之 2005, 48; 仇保興 2004, 46).

그리고 국제적 추세가 대도시를 중심으로 발전하고 있는 상황에서 대도시의 국제경쟁력을 높여야 한다고 주장한다. 즉, 최근 200년 동안의 공업화와 도시화 과정은 줄곧 도시화(urbanization), 대도시화(metropolitanization) 심지어 대도시군화(megalopolitanization)를 거쳤는데 이 과정에서 도시 밀집 현상은 갈수록 확대되고 있으며, 이러한 대도시화가 21세기 도시경쟁력의 핵심이라는 것이다(周牧之 2005, 48; 仇保興 2004, 46). 중국에서도 인구의 6%만이 인구 100명 이상의 대도시에 살고 있는 현실에서 앞으로도 100개 이상의 대도시를 건설할 필요가 있다는 주장으로 연결된다.

대도시 발전의 논리는 어느 지역의 정치, 경제, 문화, 혁신의 중심이 있어야 강력한 집적 효과, 확산 효과, 복사 효과를 동시에 가지며 규모의 경제를 유지하는 데 유리하다는 것이다. 또한 자원의 효율적인 이용이라는 측면에서 보면 대도시 건설이 토지자원을 절약할 수 있으며, 소득수준의 향상에 따라 의료 위생, 문화 교육, 여가 활동과 공공 설비가 폭발적으로 늘어나는 추세이기 때문에 대도시만이 이러한 서비스를 가능하게 한다는 것이다. 뿐만 아니라 중국 경제 발전에 있어 최대 현안인 농촌의 과잉 노동력과 취업난을 해소하는 대안으로 대도시 발전론을 제기하기도 한다. 실제 유동 인구 1억 4천 명의 70%가 소도시를 건너뛰고 직접 대도시로 이동하고 있는 현실은 대도시에서 일정한 수준까지 취업 기회를 확대할 수 있다는 것을 의미한다.

이러한 대도시 발전론은 구체적으로는 기존의 대도시를 확대하자는 견해와 신형 대도시권 개발로 대별된다. 그러나 이러한 대도시 발전 전략은 주택, 교통, 환경오염, 범죄율 급증 등 이른바 '대도시병'을 낳고 있으며 지속가능한 발전에 장애가 된다는 비판도 있다. 무엇보다 대도시는 효율이 높으나 투입이 상대적으로 많아야 하고 일정한 규모의 도시 단계에 이르러서야 대도시를 위한 재원을 투입할 수 있다는 점에서, 현 중국 경제의 발전 단계는 대규모 도시를 건설할 수 있는 단계로 진입하지 못했다는 비판을 받고 있다.

2) 중등 도시 건설론

이것은 주로 대도시 팽창에 따른 대도시병의 병리현상을 지적하면서 제기되었다. 선진국의 경우 인구 밀집이 높은 도쿄 대도시권[도쿄(東京)-가나가와(神奈川)-치바(千葉)-사이타마(埼玉)]은 약 3,200만 명에 이르고 도쿄 23개 구의 인구밀도는 13,100명/㎡이다. 상하이의 경우 1991년에 이미 37,600명/㎡을 넘어서 도쿄 23개구의 2.87배에 달하는 고도 밀집형 도시가 되었다. 향후 20~30년 내에는 장강 삼각주, 주강 삼각주에는 인구 1천만 명을 넘는 대도시가 출현할 것이고 여기에 수억의 인구를 포괄하는 대도시군이 형성될 것이다. 그러나 여기에는 교통, 토지 이용 규제 등이 선행되어야 하지만, 현실적으로 이를 해결하기 어려운 병목구간에 접어들고 있다고 주장한다.

따라서 중등 도시 건설론은 소성진의 '규모의 경제'의 한계를 극복하는 한편 세계적 도시 발전의 추세에 부합한다는 특징을 지니고 있다. 즉 소성진 전략은 '촌마다 도시 같고 도시마다 촌 같다'는 현상이 초래되어 중복 주택 건설과 토지와 재산을 대량으로 낭비하는 현상이 나타났으며 대도시는 고유의 병리현상을 낳고 있다는 비판에서 출발하고 있다. 중등 도시 규모에 대해서는 30~50만 명의 인구를 지닌 도시를 50~100만 명의 도시로 바꾸자는 견해와, 20~50만 명 규모의 도시를 건설하자는 견해로 대별된다. 무엇보다 중등 도시는 도시 규모의 효율과 도시 건설 비용이 효율이 높고 중국 정부의 재정 능력에 비추어 최적의 장점을 가지고 있다고 주장하고 있다.

그러나 중등 도시는 국제적 시장 경쟁에 한계가 있고 갈수록 확대되는 중산계층과 최고급 소비계층의 수요를 제공하기 어렵기 때문에 자족도시 기능을 확보하지 못한 상태에서 대도시와 소성진에 모두 의존할 수밖에 없는 이중적 한계를 가지고 있다.

3) 소도시와 소성진 건설론

소도시 건설론은 개혁개방 이후 가장 먼저 제기되었고 '농업을 떠나지만 농촌을 떠나지 않는'(離農不離鄕) 농촌 공업화 정책의 논리적 근거가 되었다 (Gale & Dai 2002). 이것은 낮은 투입을 통해 도시화의 목표를 달성할 수 있다는 주장이다. 우선, 1인당 도시 유지 비용의 경우 초대도시, 대도시, 소도시는 각각 2,237위안, 1,323위안, 885위안이다. 그리고 도시화 과정이 안정적이고 사회적 전환 비용이 상대적으로 작다는 것이다. 이것은 무엇보다 농촌 → 소성진 → 중등 도시 → 대도시로의 일반적인 발전 법칙에 부응하고 도농 간 결합을 통한 동시 발전이 가능하다는 장점이 있다고 주장한다.

그러나 실제로 2000~2003년까지 소성진은 534개 증가했으나 상대적으로 중소도시의 발전이나 지역적 중심 도시 기능은 여전히 낙후되었으며 대도시의 복사 효과가 충분하게 발전하지 못했다. 더구나 소성진의 경우 일자리를 창출하는 기능이 취약해 중국의 실업위기를 해소하는 데 효과적이지 못하며, 소성진의 기초 설비가 낙후되어 과학기술 수준을 높이기 위해서는 투자 효율

〈표 4-2〉 2003년 도시 건설 재정 투입

구 분	규모(억 위안)	비중(%)
도시 재정성 자금 투입(중앙과 지방재정, 채권)	869.8	20.4
은행 대출	1435.4	33.7
사회적 자본(외자, 개인 자본, 기타)	1958.9	45.9

이 지나치게 작다는 한계를 지니고 있다. 그리고 소성진 건설은 성진 용지 확장과 환경보호의 문제에도 직면하고 있다. 2003년 성진의 건설 용지(이 가운데 도시 건설 면적은 28,308㎡)는 52,300㎡이나, 2010년 도시인구 추이 분석의 결과 건설 용지는 73,000㎡가 필요하다(도시 건설 면적은 38,000㎡로 연간 1천㎡이 증가함). 또한 이 모델은 도시 취업과 도시 빈곤의 문제를 야기할 가능성이 크다. 여기에 소성진 건설 과정에서 상대적으로 환경오염을 유발한다. 예컨대 오수 처리율의 경우 대도시와 소도시는 각각 55.41%, 31.14%로 현저한 차이를 보이고 있다. 마지막으로 막대한 소도시의 기초 설비 투자에 소요되는 재정 부족 문제이다. 〈표 4-2〉과 같이 2003년 도시 고정 투자 자산은 4,462억 위안(GDP와 재정지출의 각각 3.8%, 18.1%)에 불과하다. 따라서 1990년대 중반 이후 향진기업의 한계를 드러내면서 소성진 중심의 발전 전략은 공식적으로 폐기되지는 않았지만 도시화의 대안으로 간주되지는 않고 있다.

4) 협력적 발전론

다양한 도시 발전 논쟁의 절충적 견해가 등장하고 있는데 그것은 대중소도시와 소성진의 협력적 발전론이다. 이것은 대·중·소도시의 공동 발전과 도농 일체화 전략으로 구분할 수 있다. 구체적으로 보면 대·중·소도시를 함께 발전시키는 전략,[9] 현재의 중소도시의 규모를 확장하는 전략, 모든 성마다 2~3백 만 명의 인구를 지닌 특대도시가 되도록 대도시의 규모를 확대하는 전략, 질서 있게 소성진을 발전시키는 전략, 도농 일체화를 통한 협력적 발전 전략 등을 포괄하고 있다. 중국공산당 15기 5전전회에서 "소성진 발전을 중시하는 동시에 중소도시를 적극적으로 발전시키며, 지역성 중심 도시 기능을 완전화하고 대도시의 복사 효과를 발휘하게 한다."고 강조했다. 이어 11차 5개년 규획에서도 도시화의 원칙으로 "대·중소도시와 소성진의 협력적 발전을 견지하는 가운데 도시의 종합능력을 제고하며 절차적이고 점진적인 방식으로 토지를 절약하고 발전을 집약하며 합리적 배치의 원칙에 따라 적극적으로 도시화 건설을 추진한다"(中共中央關於制定國民經濟和社會發展第十一五年計劃的建議 編輯組 2005, 17)는 것을 확인했다. 그러나 현실적으로 과잉 농촌인구를 소성진을 통해 흡수하는 전략은 한계가 있다. 따라서 중국 정부는 주강 삼각주, 장강 삼각주, 환발해 지역의 기능을 강화하여 내륙 발전의 복사 효과를 극대화하는 정책을 강조하기 시작했다. 예컨대 상하이 푸둥 지구, 톈진의 빈하이(濱海) 지구 등 조건이 좋은 곳이나 특대도시를 중심으로 도시군을 형성하여 이를 소성진의 기능을 활성화하는 전초기지로 삼고 있는 것이다.

5) 평가

이러한 중국의 최적 도시화 논의는 다음과 같이 평가할 수 있다.

---

9 제도 혁신을 중심으로 소도시를 발전시키고 기술 혁신과 제도 혁신을 결합하여 중, 대도시를 발전시키는 한편 공업화된 도시 체계를 건설하여 도시 분업 체계를 구축해야 한다는 것이다(劉傳江·鄭凌云 2004, 257-260).

첫째, 조급한 성장주의에 사로잡혀 도시화와 인구 유동에 관한 국가전략을 효율적으로 수립하지 못했다. 이것은 중국 정부가 제시했던 도시정책은 근본적인 인구이동이라는 전제에서 출발한 것이 아니었기 때문이다. 이에 따라 농민공은 제도적으로 정비되지 않은 상태에서 도시의 단기 임시노동자로 체류하다가 농촌으로 돌아오는 경우가 많았고, 도시에 정착할 수 있는 제도적 기반을 구축하는 정책은 매우 취약했다.

둘째, 도시의 생명주기를 고려할 때 도시의 이상적인 최적 규모는 한계를 지닐 수 있다. 즉 모든 도시는 서로를 전제하면서 발전하게 되며, 이때 도시 규모는 요소생산력과 생산력의 집적이 유일한 결정 요소가 아니며, 소도시라도 규모의 도시는 건설할 수 있다. 따라서 중심 도시를 핵심으로 소도시를 발전시키는 전략은 불가피하지만 이 과정에서 도시와 농촌의 장기적 균형을 찾아가는 해법이 필요하다.

셋째, 도시와 농촌의 동시 발전을 제기하고 있으나, 그 핵심은 대도시를 우선적으로 발전시킬 수밖에 없다는 점이다. 왜냐하면 중심 대도시는 생산의 집적, 노동력의 집적, 자본의 집적, 물류의 집적, 인력자본의 집적, 정보의 집적, 정책 결정 협력 기능의 집적이 이루어지고, 이를 통해 인력자본, 자본, 생산, 서비스의 확산(spill-over) 효과를 가져올 수 있기 때문이다(北京國際城市發展研究院 2005a, 211-214). 아울러 규모의 경제라는 일반법칙 이외에도 대도시를 통한 총수요의 확대와 시장경제의 제도화, 정부 기능의 변화를 가져와 행정의 근대화를 추진할 수 있다(劉學敏 2005, 39-42).

이런 점에서 개혁개방 이후 추진해 온 '농업을 떠나지만 농촌을 떠나지 않는' 농촌 공업화 정책과 소성진 정책은 선택과 집중이라는 측면에서 효과적이었다. 앞으로도 20~30년 내 도시로 유입되는 농촌인구는 소도시보다는 주강 삼각주와 장강 삼각주 등 경제가 발전한 대도시로 몰리게 될 것이다. 중일 간 도시 실태에 관한 비교조사(周牧之 2005, 38)에 의하면 2030년 장강 삼각주(상하

114

이, 장쑤성, 저장성)는 약 2억 명의 인구가 증가하여 약 3억 3천만 명의 대규모 고도 밀집형 도시공간이 형성될 것으로 예측하고 있다. 이 경우 인근의 난징, 쑤저우, 우시, 창저우, 난퉁 등은 1천만 명 이상의 대도시를 형성하게 될 것이다.

따라서 향후 중국의 도시전략은, 도시와 농촌의 균형적 발전, 중소도시와 대도시의 협력적 발전이라는 정책에도 불구하고 시장경제가 확대되고 심화되는 과정에서 현실적으로는 대도시가 중소도시를 이끌어가면서 도농 일체화를 추구하는 모델을 강조할 가능성이 크다. 다만 문제는 대도시가 포화 상태에 직면한 상황에서 개별 도시의 확대를 통해 도시문제를 해결하기는 어렵다는 점이다. 따라서 여러 도시를 하나의 벨트로 묶어 공동으로 발전시키는 전략이나 해당 지역의 도시 성격을 활용하여 도시를 연합하고 확대하는 전략도 새롭게 논의되고 있다.

2. 도시화 추이

1) 도시 규모

2003년 현재 중국의 도시는 〈표 4-3〉과 같이 직할시 4개, 부성급 도시 15개, 지급 도시 267개, 현급 시 374개로 모두 660개이며 진(鎭)을 설치한 곳은 약 2만여 곳이다. 이러한 추세를 기준으로 보면 향후 특대도시, 대도시 등 도시 규모가 확대될 것이라고 예측할 수 있다.

〈표 4-3〉 2003년 도시 상황 일람

구분	전국	동부 도시	중부 도시	서부 도시	비고(만 명)
거대 도시	3	3(100)	n.a	n.a	1,000 이상
초(超)대도시	6	5(83.3)	n.a	1(16.7)	500~1,000
특대도시	25	18(72.0)	5(20.0)	2(8.0)	200~500
대도시	72	26(36.1)	30(41.7)	16(22.2)	100~200
중등 도시	113	33(29.2)	53(46.9)	27(23.9)	50~100
소도시	441	178(40.4)	159(36.1)	104(23.6)	50 이하
계	660	263(39.8)	247(37.4)	150(22.7)	

주 : 이 중에서 인구 400만 명 이상의 도시는 11개, 200~400만 명은 22개, 100~200만 명 도시는 141
개, 50~100만 명 274개, 20~50만 명 도시는 172개, 20만 명 이하는 40개이다. 특히 1천만 명 이
상의 도시는 베이징, 상하이, 충칭 등 3개이다.
출처 :『城市統計年鑑』(2004, 27-28, 613)에서 재구성.

2) 도시화 추이

이러한 중국 도시화에 대해 그동안 다양한 추세 분석이 있었다. 그러나 기존의 추세 분석은 분석 시점 대비 단기간의 추세를 확인하는 데에도 줄곧 실패해 왔다. 이것은 중국의 성장 잠재력, 신규 노동력과 잉여 노동력의 규모와 도시화와의 관계, 산업구조의 고도화, 노동력 수급 상황, 정부 능력 등의 복잡한 변수를 반영하지 못한 결과였다. 〈표 4-4〉, 〈표 4-5〉에서 보이듯이 2005년 말 현재 도시인구 규모를 통한 도시화 수준은 43.3%이다. 선진국과 비교하여 여전히 낮은 수준이지만, 〈표 4-6〉과 같이 시간이 지날수록 도시화 탄성계수가 높아 그 속도는 빠르게 진행되고 있다. 2001~2004년의 경우 도시화율은 평균 1.39%로 1979~2000년의 0.83%, 1953~1978년의 0.2%에 비해 현저하게 높다. 이런 점을 고려하여 〈표 4-6〉~〈표 4-13〉와 같이 다양한 도시탄성계수를 통해 도시화율을 추세 분석하면, '전면적 소강사회' 건설이 이루어지는 2020년

<표 4-4> 2010년과 2020년 전국 도시 규모의 수와 구조, 인구 구조

구분	2003		2005		2010		2020	
	도시 수	인구	도시 수	인구	도시 수	인구	도시 수	인구
합계	100.00	100.00	100.00	100.00	100.00	100.00	100.00	100.00
초 대도시	2.3	26.6	2.5	26.8	3.2	28.0	4.0	30.0
특 대도시	4.5	17.3	4.7	17.5	5.0	18.2	6.0	20.0
대도시	9.7	18.2	9.8	18.4	10.0	19.0	12.0	22.0
중등 도시	34.1	20.8	33.8	20.5	33.0	19.3	31.4	16.5
소도시	49.4	17.1	49.1	16.8	48.3	15.4	46.2	12.4

주 : 구를 설치할 수 있는 도시의 비농업 인구(호적상 비농업 인구)의 근거하면 대도시는 도시 수와
　　도시인구 모두에서 상승할 것으로 예측됨.
출처 : 『中國城市建設統計年報』(2003) 등 자료에서 계산.

<표 4-5> 2010년과 2020년 도시화 수준 예측(중국 측 연구)

구분	2004	2005	2010	2020
총인구 수(억 명)	12.92	13.07	13.63	14.39
성진 인구(억 명)	5.24	5.66	6.71	8.63
도시 인구(억 명)	3.38	3.85	4.69	6.47
도시화율(%)	40.5	43.3	49.2	60.0
연간 성진 인구 증가 수(만 명)	2,164	2,154	2,122	1,920
주민 거주지와 독립 광산 용지(㎡)	25.35	25.72	25.86	25.94
성진 토지 면적(㎡)	62,980	67,920	75,790	95,793
도시 건설 용지(㎡)	28,972	32,260	35,620	43,106

주 : 2004년 통계는 『中國統計摘要』(2006)의 것임.
출처 : 王夢奎(2005a, 252).

에는 도시화율이 48~54% 수준에 도달할 것으로 전망된다. 이렇게 보면 <표 4-13>과 같이 기계적으로 계산해도 2020년까지 50~100만 명을 수용하는 도시를 약 259개나 만들어야 한다는 결론에 도달한다.[10]

〈표 4-6〉 도시화 탄성의 역사적 추이

구분	1951~58	1959~66	1967~77	1978~86	1987~95	1996~2001
도시화 탄성	3.5808	1.8666	0.9197	4.4084	2.6381	6.8228
도시인구 증가율(%)	7.1	15.4	2.1	5.2	3.3	5.3
도시인구 연 증가율(%)	1.5	0~-0.82	n.a	0.4	0.6	1.3
도시화율(%)	16.7(1958)	17.9	17.6	24.5	29.0	37.7
특징	속도 안정	편차가 큼				

〈표 4-7〉 최근 도시화 추이

연도	총인구(만 명)	도시인구(만 명/%)			농촌인구(만 명/%)			자연증가율 (‰)
		인구	비중	증가율	규모	비중	증가율	
10·5기간	126,743	45,906	36.2		80,837	63.8		
2001년	127,627	48,064	37.66	1.44	79,563	62.3	-1.5	6.95
2002년	128,453	50,212	39.09	1.43	78,241	60.9	-1.4	6.45
2003년	129,227	52,376	40.53	1.44	76,851	59.5	-1.4	6.01
2004년	129,988	54,283	41.76	1.23	75,705	58.2	-1.3	5.87
2005년	130,756	56,212	43.00	1.24	75,544	57.0	-1.2	5.89

출처 : 『中國統計年鑑』(각년도)에서 재구성.

〈표 4-8〉 연간 도시화 성장률 (단위 : %)

구분	MCA	SDPC	MOC	UN2001	Li S	Shen A	Shen B	Shen C	Guan K	Liu X	Zhou T
2001~2010	1.05	0.83	1.05	1.31	1.87	0.88	0.90	0.90			
2011~2020		1.0	0.9	0.82	0.88	0.80	0.86	0.84	0.69	0.39	0.23
2021~2030				0.61	0.85	0.65	0.70	0.67			

출처 : Liu, Li & Zhang(2003, 59).

---

10 중국의 대표적 도시학자인 롄위밍(連玉明)도 2020년에 중국의 도시인구가 9억 명 수준일 경우 소성진이 대략 2~3억 명을 흡수한다고 해도 약 6억 명의 도시인구를 소화해야 하는데, 이것은 200개 도시에서 300만 명을 수용하거나 300개 도시에서 200개를 수용해야 한다고 추론한 바 있다(連玉明 2005, 289).

<표 4-9> 도시화 시나리오 (단위 : %)

구분	높은 시나리오		중간 시나리오		낮은 시나리오		비고
2001~2010	1.05	44.7	0.68	42.24		42.24	
2011~2020	1.0	54.7	0.71	50.14	0.6	48.25	
2021~2030	0.9	63.72	0.71	57.24		54.27	

출처 : Liu, Li & Zhang(2003, 61).

<표 4-10> 중국 도시화 추이 (단위 : %)

구분	MCA	SDPC	MOC	UN2001	Li S	Shen A	Shen B	Shen C	Guan K	Liu X	Zhou T
2000	34.54	31.7	32.5	32.1	31	40.44	40.52	40.52	없음		
2010	45	40	43	45.2	50.3	49.21	49.52	49.52	없음	50% /2035	50%/ 2050
2020	없음	50	52	53.4	58.81	57.22	58.08	57.89	50		
2030	없음	없음	없음	59.5	67.32	63.69	65.1	64.54	없음		

주 : 약칭은 각각 민정부(MCA), 국가발전계획위(SDPC), 건설부(MOC).

<표 4-11> 도시인구 증가율과 연간 도시화율 추이

구분	연간 도시인구 증가율(백만 명)			연간 도시화 비율(%)		
	높은 시나리오	중간 시나리오	낮은 시나리오	높은 시나리오	중간 시나리오	낮은 시나리오
2001~2010	15.72	13.40	12.31	0.85	0.68	0.60
2011~2020	18.97	14.55	12.86	1.0	0.71	0.60
2021~2030	16.63	13.48	11.74	0.9	0.71	0.60

출처 : Liu, Li & Zhang(2003, 59).

<표 4-12> 시나리오별 도시인구 규모 (백만 명, %)

구분	인구 규모	높은 시나리오		중간 시나리오		낮은 시나리오		비고
2001~2010	1,377	615.79	44.72	592.52	43.03	458.55	42.24	
2011~2020	1,472	805.48	54.72	738.06	50.14	710.24	48.25	
2021~2030	1,525	971.73	63.72	872.91	57.24	827.62	54.27	
2005(현재)	1,308	562.12				43%		

출처 : Liu, Li & Zhang(2003)과 『中國統計年鑑』의 연구를 근거로 재구성.

<표 4-13> 도시 수 추이

구분		2003년	2010년	2020년	2030년	2050년
추세 (%)	1.4%/년	40.5	50.3	64.3	70~75	70~75
	1%/년	40.5	50	60	63	70~75
기준 인구		1,299	1,377	1,472	1,525	1,400
도시인구		524	689	883	961	900
도시 수		445	220(665)	259(924)	104(1,028)	유지

주 : 2003년 말 현재 20만 명 이상 도시는 662개이고, 이 중에서 50만 명 이상인 도시는 445개임. 괄
호 안의 숫자는 50~100만 명 도시 규모를 평균 75만 명으로 다시 계산하여 산정한 것임.
출처 : Liu, Li & Zhang(2003, 59, 61), 각 년도 『中國統計年鑑』, 『城市年鑑』 등을 통해 재작성.

3) 도시의 불균형 발전

중국의 도시화 과정에서 <표 4-14>와 같이 동부와 서부 지역 등의 편차가
자연지리적 영향과 산업구조의 차이로 인해 불균형하게 발전하고 있고 이 추
이는 쉽게 역전되지 않을 것으로 보인다. <표 4-15>와 같이 장강 삼각주, 주강
삼각주와 보하이만 지역의 도시 밀집 지역은 지속적으로 발전하여 전체 총인
구 대비 이 지역의 도시인구 비중은 증가하고 있다. 그러나 이러한 동부, 동북,
중부, 서부의 도시화 수준의 차이가 커 향후 서부개발과 동북진흥계획을 추진

<표 4-14> 2020년 동부, 동북, 중부, 서부의 도시화 수준 예측 (단위 : %)

구분	2000	2003	2000~2003 연평균 증가	2005	2010	2020
전국	36.22	40.53	1.44	43.32	49.20	60.00
동부 지구	45.34	48.89	1.19	51.02	56.10	66.20
동북 지구	52.14	53.49	0.45	54.36	56.22	64.38
중부 지구	29.73	35.19	1.82	38.52	47.21	58.32
서부 지구	28.73	31.81	1.03	34.20	40.14	52.48

출처 : 『中國人口統計年報』(2004).

<표 4-15> 3대 도시 밀집 지구 지표 (2000년)

도시 밀집 지구	인구(만 명)	면적(㎢)	GDP	1인당 GDP(위안)	FDI(억 달러)
베이징-톈진-탕산	3,097	48,629	5,402	17,442	53.87
장강 삼각주	6,905	92,937	14,800	21,433	104.01
주강 삼각주	2,564	54,747	7,522	29,336	104.67
전국 비중(%)	9.29	21.04	31	-	64.67

출처 : 仇保興(2004, 49).

했고, 그 결과 중서부와 동부 도시화가 비교적 빠르게 발전하고 있으며 전체적으로 동서부의 도시화 차이는 축소될 가능성도 있다. 또한 동부, 동북, 중부, 서부 사이의 도시화 수준 차이가 확대될 수 있으나, 전체적인 자원·산업·환경 배치의 효율은 개선될 가능성도 있고 포화 상태의 동부 연해 도시중심이 내륙으로 이전하면서 확산되는 효과도 나타날 수 있을 것이다.

3. 새로운 도시화 전략의 모색

1) 기존 모델의 평가

10차 5개년 계획 시기 폭발적인 경제성장에도 불구하고 도시화의 속도는 상대적으로 지체되었다. 2005년 말 기준 전 인구의 약 57%가 농촌에 있고 이 가운데 74%가 농업에 의존하고 있으나 1차산업의 생산은 12.5%에 불과하여 국민경제에 대한 기여도는 갈수록 떨어지고 있다. 그럼에도 불구하고 도시 구조는 불합리하여 도시 발전의 병목으로 작용하고 있다. 일부 특대도시의 경우는 중심 지역에 과도하게 집중되면서 도시병이 나타났고 도시 사이의 기능 분화가 이루어지지 않아 시장기능이 활성화되지 못했으며 불필요한 중복 현상도 발생했다. 예컨대 주강 삼각주의 비행장 건설, 장강 삼각주의 항만 건설 과정에서 투자 손실과 자원 낭비를 가져온 사례가 그것이다.

그리고 10차 5개년 계획 기간 동안 도시 발전의 목표가 너무 높아 맹목적으로 이를 달성하려는 경향도 있었다. 전국 100여 개의 도시에서 국제화 도시로의 발전을 제기했고, 30여 개 도시에서는 중앙 상업지구를 건설하고자 했다.11 여기에 도시 발전 전략이 체계적이지 못하여 자원 이용의 효율도 떨어졌다. 심지어 일부 도시에서는 무단으로 토지를 점유하는 병폐를 낳으면서까지 개발구 열풍을 주도하기도 했다. 실제 전국적으로 약 6천여 개의 각종 개발구가 구상되었고 이를 위해 조성한 토지는 약 3만 6천㎢로 이는 전국의 모든 도시 건설 지역 면적 전체보다 큰 규모이다. 그러나 실제로 건설된 토지는 7.8%에 불과했으며, 도시 건설 과정에서도 지방의 특색을 살리지 못하고 역사

---

11 이러한 국제화 도시의 경쟁적 발전과 폐해, 그리고 새로운 도시 전략 모색을 선전의 사례에 비추어 설명한 것으로 이희옥(2007) 참조.

〈표 4-16〉 도시인구 대비 토지 건설 면적 증가폭

구분	2000년	2003년	성장 속도
토지 건설 지구 면적	22,439㎡	28,308㎡	연간 8.05%
도시인구 증가	4억 5,906만 명	5억 2,376만 명	연간 4.49%

문화유산을 파괴하거나 생태 환경을 악화시켰다. 이러한 10차 5개년 계획 기간에 나타난 도시화 건설의 폐단은 다음과 같이 요약할 수 있다.

첫째, 무엇보다 토지 도시화가 인구도시화를 크게 상회했다. 〈표 4-16〉과 같이 도시인구 증가 대비 토지 건설 지역 면적의 증가 속도가 빠르게 나타났다.

둘째, 공업화가 도시화를 추동하는 메커니즘이 한계를 드러냈다. 2005년 말 기준 2차산업의 비중은 47.3%, 2차산업 취업 비중은 23.9%, 산업 공헌율은 54.9%(이 중 공업은 48.4%)였다. 그러나 이것은 서방의 공업화 중기의 2차 산업 취업 비중이 이미 48%(이 중 공업 비중은 35~40%)였던 것에 비교하면 여전히 한계가 있으며 농업 노동력을 흡수할 필요성이 있다는 점에서 제조업의 발전은 매우 중요한 전략이다. 그럼에도 불구하고 공업화가 도시화를 이끌지 못했던 주요 원인은 ① 공업화 중기 단계에서 공업 자본의 유기적 구성이 비교적 높아, 3차 산업에 대한 서비스 요구가 상대적으로 낮은 점, ② 방직업을 포함한 경공업과 농산품 가공산업 등 노동 집약형 산업의 기술 발전의 속도가 지나치게 빨라 필요한 노동력이 상대적으로 감소하고 있으며, 여기에 산업의 수출 의존도가 높아 3차 산업의 발전을 가져오기 어렵다는 점, ③ 분산적으로 배치된 향진기업이 효과적으로 인구를 집결시키지 못하고 있고 비농산업의 집중적 발전과 산업클러스터를 형성하기 어렵다는 점, ④ 토지 점용이 과다하여 규모의 경제를 형성하기 어려운 점이다.

셋째, 경영 도시가 도시의 발전을 촉진하지만 많은 문제를 안고 있다. 사실 지방정부가 해당 기업의 경제활동을 간섭하지 않고 지방 경제 발전을 위해 공공 설비 투자와 서비스를 적극적으로 제공하는 것이 필요하다. 그러나 지방 정부는 법 체계가 불비한 것을 이용하여 관련 법안을 자의적으로 해석했고 이에 따른 누수 현상도 심각했다. 경영 도시는 오히려 지방정부 행위를 과도하게 상업화하게 하고 도시 건설에 나쁜 영향을 주었고, 토지 점용에 대해 효율적으로 제약을 가하지 못했으며, 도시 규모를 확대하는 데에만 주력하였다. 이에 따라 대규모 부채와 재정 확대로 인해 지속가능한 발전을 어렵게 했다. 여기에 토지보상은 적고 규제는 많은 상황에서 유동 인구가 많아 주택 부족, 교통난, 범죄율 급증, 사회치안 악화, 농민공 문제 등을 발생시켰다.

그리고 도시화와 노동력의 유동, 특히 중소도시와 대도시 사이의 노동력의 유동은 단선적으로 전개되고 있다. 이런 이유 때문에 대도시나 정치 중심 도시는 무한하게 확장되는 속성이 있다. 이 경우 도시의 경계를 무너뜨려 새로운 양상이 나타난다. 즉 도시와 농촌의 분할, 통일되지 않는 노동력 시장, 지방과 중앙의 정치 중심은 재분배를 통해 자원을 이전시켜 도농 간 소득 차이를 확대시키게 된다. 이러한 상황을 개선하기 위한 근본적인 출구는 시장화를 통해 통일된 노동력 시장을 건설하고 정부 기능을 전환하는 개혁에 착수하여 정부의 재분배 기능을 약화시키거나 장기적으로 철폐해야 한다는 것이다.

2) 도시 발전 전략 구상

중국은 이러한 10차 5개년 계획의 반성적 평가에 기초하여 11차 5개년 규획의 도시화 전략을 새롭게 제시하였다. 우선적으로 토지 도시화, 인구 도시화의 발전 속도 문제, 공업화가 도시화를 효과적으로 추동하는 메커니즘의 문제, 도시화의 빠르고 건강한 발전의 문제, 세계화 추세 속에서 국민경제 전체의 경쟁력을 높이는 문제를 중심 방향으로 설정했다. 11차 5개년 규획의 6대 중점은 성장 방식 전환의 추진, 산업구조의 합리적 조정, 삼농 문제 해결, 도시화의 건강한 발전 추진, 지역 간 협력적 발전의 촉진, 조화사회 건설의 강화이다.[12] 이 가운데 성장 방식의 전환은 투자와 수출에 의존하는 경제성장을 소비와 투자, 내수와 외수(外需)가 함께 주도하는 것이며 공업 노동 성장에서 공업과 서비스의 공동 발전을 추진하는 것을 의미한다. 그리고 산업구조의 조정은 중국의 에너지 부족을 반영하여 자원 절약형 소비 구조를 정착해야 한다는 것을 의미한다.

　중국 당정은 일단 11차 5개년 규획에서 균형을 중심으로 하면서도 성장주의적 전략을 약화시키지는 않았다. 왜냐하면 중국의 노동력 구조와 절대 인구 수를 감안하여 노동 집약형 산업을 발전시켜 보다 많은 취업 기회를 창출하는 것이 필요했기 때문이다. 실제 향후 20~30년의 중국 산업구조 고도화도 3차산업의 비중이 높은 선진국형 모형이 아니라, 2차 산업을 일정하게 유지하는 전방위 동반 성장 모델을 추구할 것이다.

　중국은 이러한 사회적 위기를 극복하기 위한 구체적인 도시화 전략을 다음과 같이 구상하고 있다. 우선 대·중형 도시 건설, 중소형 도시 건설, 향진(鄉鎮) 도시 건설 모델 중에서 기존의 2만 여개의 소도시에서 일부 발전 잠재력을 가진 도시를 집중 육성하는 방안과 도시의 경제 규모, 흡수력, 취업 창출, 지속 가능한 발전, 환경보호의 측면에서 인구 규모 50~100만 명의 중등 도시를 발전시키는 방법이 있다. 이 가운데 후자를 지지하는 견해가 우세하다. 특히 도시의 비농업 인구 규모를 볼 때, 대략 100~400만 명의 도시 규모가 효율이 가장 높으며 이 가운데에서도 200만 명 이상이 효율의 최대점이다. 즉, 인구 10

---

12 11차 5개년 규획의 중점에 대해서는 http://gov.people.com.cn(검색일 : 05/10/07).

만 명 이하와 1,200만 명 이상인 대도시의 경우 효율은 마이너스라는 경험 연구가 있다(連玉明 2005, 7; 王小魯·夏小林 1999). 왜냐하면 이러한 특대도시의 규모는 재정지출의 순기능적 측면 예컨대 학교 건설, 공원, 도로 정비, 도로망 확충의 효과보다는 재정지출의 역기능적 측면인 오수 처리, 환경 정비, 도시병 발생에 따른 비용이 더 크기 때문이다. 이런 맥락에서 중국은 소도시 건설론과 대도시 건설론의 장점과 단점을 보완한 새로운 개념의 도시화 전략을 추진하고 있다.

첫째, 지역적 도시 발전 전략과 지역적 중심 도시 건설 전략이다. 중국은 현재 지역 간 격차가 발생하고 있기 때문에 각 지역의 특성에 부합하는 도시화 전략을 추구하는 것이 불가피하다. 현재 중국의 지역은 3대편(3大片 : 북방, 남방, 서부) 도시 현대화의 수준 차이, 8대구(8大區 : 동북, 화북 연해, 황화 중류, 화동, 화남, 장강 중류, 서남, 서북)의 수준 차이, 3대 지대(3大地帶 : 동부＞중부＞서부) 사이의 차이가 뚜렷하게 발생하고 있기 때문에 이에 근거한 적절한 전략을 〈표 4-17〉과 같이 수립해야 한다는 것이다.[13]

구체적으로는 지역을 분할하여 발전시키되 중심 도시를 발전시키는 전략을 수립하고 있다. 이것은 외국의 사례에 비추어 저비용으로 도시를 건설할 수 있고, 정보화가 공업화를 이끌고 공업화가 정보화를 촉진할 수 있기 때문이다. 또 하나는 중국 정부가 지역 간 불균형을 해소하기 위해 적극적인 재정 정책을 시도할 필요가 있기 때문이다. 장쩌민 시기에 서부대개발 정책을 추진

---

13 중국의 지역 분류법은 학자들마다 매우 다양한 방법을 동원하고 있다. 일반적으로 6대구, 7대구, 8대구, 10대구로 구분하는 것이 일반적이다. 다만 2004년 원자바오 총리는 정부공작보고를 통해 동부, 중부, 서부, 동북의 4대판으로 구분하고 서부대개발, 동북진흥, 중부 부상, 동부의 지속적 발전을 강조했다. 그리고 하위의 층차에 8대 종합경제구(동북, 북부 연해, 동부 연해, 남부 연해, 황하 중류, 장강 중류, 대서남, 대서북)로 구분하였다. 이것은 위의 도표와 대체적으로 일치하고 있다. 이에 대한 각종 지역 구분에 대한 자세한 소개는 王夢奎(2005a, 235-238), 8대 종합경제구에 대한 구분과 이 지역의 경제 규모에 대해서는 『中國統計年鑑』(2005) 참조.

<표 4-17> 2020 중국의 도농 발전 배치

구 분	중등 발전 지역	초보적 발전 지역	미발달 지역
동북 지역 (51.8)		성시대, 신형 공업화, 생태 건설, 농업 현대화	
화북 연해 (53.4)	도시구, 지구화, 지식화, 정보화, 균형 발전	성시군, 신형 공업화, 생태 건설, 농업 현대화	대중도시, 공업화, 생태현대화, 농업현대화
황하 중류 (33.3)		대중도시, 신형 공업화, 생태 건설, 농업 현대화	대중도시, 공업화, 생태현대화, 농업현대화
화동 연해 (59.5)	도시구, 지구화, 지식화, 정보화, 균형 발전	도시구, 신형 공업화, 지식화, 농업현대화, 적절한 균형	
화남 연해 (41.2)		도시구, 신형 공업화, 지식화, 농업현대화, 적절한 균형	대중도시, 공업화, 생태현대화, 농업현대화
장강 중류 (31.4)		성시화, 신형 공업화, 지식화, 농업현대화	대중도시, 공업화, 생태현대화, 농업현대화
서남 지구 (25.2)			대중도시, 공업화, 문화산업, 생태현대화, 농업현대화
서북 지구 (31.3)			대중도시, 생태현대화, 문화산업, 농업현대화

주 : 1) 도시구(都市區) : 대도시＋근교＋주변 중소도시를 긴밀하게 연결한 도시, 2) 도시군(城市群) : 지리적으로 인접한 대중소 도시가 연계되면서도 상대적으로 느슨한 도시군, 3) 도시대(城市帶) : 교통 간선과 항로 간선이 분포한 지역의 도시, 4) 대·중도시 : 인구 100만 명 전후의 현대화 중심 도시, 5) 도시화(城市化) : 대중소 도시의 협력적 발전
2) 괄호 안의 숫자는 도시화율.

했고, 후진타오 시기에는 계획경제의 마지막 보루라고 불리는 동북3성 진흥 계획을 통해 지역 간 차이를 해소하는 전략을 추진하고 있다. 2003년 10월 현재 100대 프로젝트에 약 610억 위안의 지원 계획이 발표되었다. 특히, 중국 정부의 대처 방식이 후진타오 정부 들어 구두선(口頭禪)에 그치는 것이 아니라, 도시와 농촌의 교류가 빈번해지고 인터넷과 텔레비전의 보급으로 인한 상대적 박탈감이 확산되면서 지역 불균형의 심화가 사회주의 체제의 안정성을 크

게 위협할 것이라는 인식 속에서 전개되고 있다. 중국 당정도 서부대개발과 동북진흥계획뿐 아니라, 중부대개발을 서두르는 등 지역 개발 전략을 적시에 민첩하게 대응하고 있다. 이러한 전략적 목표는 국유기업 개혁, 산업구조 조정, 개방 확대, 취업 및 사회보장 개선에 두고 있다.

둘째, 이와 관련하여 경제지리적 개념을 활용하여 도시권 모델을 적극적으로 추진하고 있다. 도시권(또는 도시대)에 핵심 도시(중심 도시)와 주변 도시를 함께 두고 발전시킨다는 것이다. 이것은 공간 자원을 합리적으로 배치한다는 맥락에서 적극적으로 추진하고 있다. 이러한 도시권의 특징은 1~2개의 특대 도시를 가지고 있고, 중소형 도시가 그 배후에 포진하고 있으며 산업과 교통이 밀집해 있는 형태이다. 선진국의 경험에 비추어 보면 도시권의 직경거리는 200~300km, 인구는 약 3천만 명 이상이며, 중심 도시는 200만 명 이상의 대도시가 중심 도시가 되며, 중심 도시의 국내총생산은 전체 도시권 전체의 1/3 정도를 차지하는 모형이다. 중국 전체를 이러한 방향으로 발전시키는 것은 어렵지만, 장강 삼각주 도시군, 랴오닝-선양(遼瀋)의 도시군, 베이징-톈진의 도시군, 주강 삼각주 도시군, 청두-충칭의 청유(成渝) 도시군이 존재한다고 볼 수 있고, 현재 우한-이창(宜昌)-창사를 중심으로 하는 도시군, 창사-류저우(柳州)를 중심으로 하는 도시군도 형성되고 있다(周天勇 2005, 97-99). 이것은 이른바 네트워크 도시(網絡城市)와 상통하는 개념이다. 또 하나의 특징은 11차 5개년 규획의 일환으로 베이징-톈진-산둥 내륙을 잇는 보하이만을 중점 육성 지역으로 지정하여 기존의 선전-홍콩 축과 상하이-장쑤-저장과 함께 3대축으로 발전시키는 계획을 수립했다. 왜냐하면 중국 전체 수출의 40%를 담당하는 상하이 벨트는 노동력 부족과 에너지난, 인건비 상승으로 성장 속도가 둔화되고 있으며 이러한 상태에서는 지역 균형 발전은 물론이고 안정적인 성장을 달성하는 데에도 한계를 가질 것이기 때문이다.

셋째, 농촌의 도시화 전략이다. 농촌 과잉 인구의 압력과 토지 부담의 모순을 완화시키기 위해서는 농촌의 도시화 전략은 여전히 중요한 과제이다. 특히 농촌의 도시화 전략은 비도시화 방식의 분산 건설에 비해 경지를 절약할 수 있다는 장점이 있다. 이것은 전통적 농업 생산 방식과 성장 방식의 전환, 산업구조 고도화의 과정이라고 할 수 있다. 농촌의 도시화 전략은 농촌 시장의 개척, 관련 산업의 발전을 통한 국민경제를 지속적으로 성장시키는 데 매우 중요할 뿐 아니라, 대도시 과밀에서 나타나는 도시병을 극복할 수 있으며 농촌 비농업 산업의 과도한 분산이 야기하는 농촌병도 동시에 해소할 수 있다는 문제의식에서 출발했다. 그리고 이러한 방식은 전통적인 농촌인구의 증가를 억제하여 효율적인 인구정책을 수립하는 데 유리할 뿐 아니라, 농민 노동력의 질을 높이고 지속 가능한 발전의 문화적 힘을 고양시키며 오염 방지 관리와 환경보호에도 유리하다고 판단했다. 요컨대 농촌의 도시화는 도시 체계의 합리화에 유리하고 도농 간의 협력적이고 지속가능한 발전에 유리하다고 보았다.

이와 관련하여 중요한 방향의 하나는 호구제도의 개선 문제이다. 1995년 호구 정책이 변경되면서 베이징 등 대도시에서는 여전히 비교적 엄격한 통제가 이루어지고 있으나, 현성(縣城)과 중심진(中心鎭)으로의 호구 이전을 철폐하고 있으며, 농촌 잉여 노동력의 소도시 이전을 엄격하게 제한해 오던 것을 완화하고 투자 능력을 지닌 외래 인구에게 대도시 녹색카드(green card)를 부여하고 있다. 그리고 2003년 후베이성의 우한, 샹판(襄樊), 황스(黃石) 등에서는 농업과 비농업 호구의 구분을 폐지하고 후베이성 주민으로 통일한 바 있으며 산둥성에서도 이 제도를 시행하여 더 이상 도시수용비(增容費)를 받지 않고 있다. 나아가 2005년 중국 공안부는 농업과 비농업 호구의 구분을 폐지하고 도시와 농촌의 구분을 없애고 통일된 호구 관리 제도를 실시할 계획을 가지고 있다. 베이징을 제외한 산둥성, 랴오닝성, 푸젠성 등 11개 성이 대상 지역이며, 향후 합법적이고 고정된 거주지에 주민이 정착하도록 지원하는 제도의 대상 지역을 확대할 것으로 알려지고 있다.[14] 그러나 농업 인구가 현성 도시로 이전하는 데 대한 제한을 풀고 있으나, 이들 노동력이 산업이 발전하지 않은 도시보다는 대도시로 옮기려는 현상은 줄어들지 않고 있다.[15]

4. 신형 공업화 전략과 도시화

도시화와 현대화 그리고 공업화는 전면적 소강사회 건설을 위한 삼각축이다.[16] 이것은 과학기술과 정보화라는 새로운 경제 환경에 따른 신형 공업화를 통해 성장 잠재력을 확보하는 것이 핵심이다. 그리고 농촌의 과잉 노동력과 도시 고용구조의 왜곡, 도농간·지역간 불균형, 환경오염 등의 문제를 해소하기 위한 도시화 전략을 보완하거나 촉진하는 데 있어 매우 중요한 요소이다.

이런 점에서 신형 공업화와 도시화 전략은 기존의 성장(growth)이 아닌 발전(development)의 개념이라고 할 수 있다. 즉, 성장은 발전의 수단일 뿐 목적이 아니며, 발전은 전통적인 관계·사고방식·생산방식의 혁신을 촉진하는 과정이다. 2002년 16전대회에서 전면적 소강사회를 이끌기 위한 기본노선으로

---

14 2005년 11월 현재 시행 일정은 확정되지 않았으나, 이것은 호구 관리 제도에 있어 획기적인 변화가 될 것이며 산업구조의 고도화와 도시화 전략을 추진하는 데 있어 매우 중요한 의미를 지니게 될 것이다. 2005년 10월 25일 개최된 중앙종합처리위원회(中央綜治委) 2차 전체회의에서 유동 인구의 치안을 책임지고 있는 공안부 부부장인 류진궈(劉金國)에 의하면 시범지구로 도시화가 빨라지고 있는 랴오닝을 택했다. http://news.xinhuanet.com/fortune/2005-11/01/content_3711494.htm(검색일 : 05/11/04)

15 예컨대 베이징의 경우 1,650만 명 중 450만 명이 유동 인구인데 이들의 문제는 여전히 사회적 문제로 확산될 가능성이 있다. 칭화대 인문사회과학원장인 사회학자 리창(李强)의 〈중국경제대강당〉 CCTV 특강(05/10/14).

16 공업화와 도시화의 상호작용에 대한 연구가 상당히 진행 중이며, 공업화가 신형 도시화를 이끌어 간다는 차원에서 접근하기도 한다(趙國鴻, 2005, 230-244). 후안강은 정보화, 에너지 자원 감소, 인적 자본이 신형 공업화를 가져온다고 밝혔다(胡鞍鋼, 2003c, 151).

"도시화가 공업화를 이끌고, 공업화로써 정보화를 촉진하며 과학기술의 역할
이 크고 경제 효율이 높으며, 자원 소모가 적고 환경오염이 적으며, 인적자원
의 우수성이 충분히 발휘될 수 있는"(강택민 2002, 24) 유형의 공업화 노선을 제
기했다.

1) 신형 공업화 전략의 의미

'신형'이란 무엇을 의미하는가? 우선 전면적 소강사회 건설을 위한 전방위
적 발전을 추구하는 데 있다. 그 핵심은 과학기술의 역할이 중시되는 정보화
를 기존의 공업화와 결합하는 한편 환경을 중시하는 지속가능한 발전을 추구
하는 것이다. 이것은 과학기술의 역할이 강화되고 경제적 상호의존이 세계적
차원에서 전개되고 있는 상황에서, 과거 공업화와 정보화를 순차적으로 걸어
왔던 선진국 모델과는 달리, 공업화 과정에서 정보화를 추구하여 후발자 우세
(the advantage of backwardness) 전략을 극대화하는 모델이다(侯樹棟·許志功·黃
宏 2004, 86-112).

이런 점에서 신형 공업화 지표는 거시적으로 볼 때, 〈표 4-18〉과 같이 국
제적인 공업화 수준인 GDP 대비 농업 생산 비중 15% 이하, 농업 부문 취업 노
동력을 전체 취업 노동력의 20% 이하로 낮추는 한편 도시인구 비중을 60% 이
상으로 높이는 것이다. 이러한 신형 공업화의 질적인 지표는 과학기술 지표
(공업 생산 증가 대비 과학기술 경비 지출, 신상품 생산율, 과학기술 공헌율 등), 경제 효
율 지표(원가비용 이윤율, 총자본 공헌율 등), 자원과 환경 지표(자원 소모-절약 지표,
환경오염 지표 등), 인적자본 이용과 노동생산성(종업원 증가율, 노동자의 질, 노동생
산성 등), 공업정보화 지표(정보통신 상품 증가율, 제조업 생산 중 정보통신 설비 사용
통계 등) 등을 포함한다(任才方·王曉輝 2003, 23-24).

〈표 4-18〉 2020년 중국의 신형 공업화 지표

지표	2001	2010	2020
1인당 GDP(달러)	911	1,700	3,200
농업 증가치의 GDP 비중(%)	15.2	12.6	8.0
공업 증가치의 GDP 비중(%)	44.4	47.0	49.0
서비스업 증가치의 GDP 비중(%)	33.6	37.0	40.0
농업 인구의 전체 산업 종사자 비중(%)	50.0	40.0	35.0
공업 인구의 전체 산업 종사자 비중(%)	15.8	23.0	20.0
서비스업 인구의 전체 산업 종사자 비중(%)	27.7	37.0	45.0
도시화 수준(%)	37.6	45.0	55.0
식품 소비의 가구당 소비지출 비중(%)	37.9	34.0.	30.0
1차 제품의 전체 수출 총액 대비 비중(%)	18.8	18.0	17.0
공업 제품의 전체 수출 총액 비중(%)	81.2	82.0	83.0
기술 진보의 GDP 성장 속도 공헌율(%)	40.0	45.0	50.0

출처 : 國家經濟貿易委員會行業規劃司 編(2003), 中國工業經濟聯合會學術委員會 編(2004).

요컨대, 신형 공업화는 중국의 총요소생산성(TFP, Total Factor Productivity)을 높이는 것에 있다.[17] TFP의 크기는 일반적으로 경제성장률의 크기를 결정한다. 만약 TFP 성장률이 2% 이상이면 전면적 소강사회의 거시지표는 2020년 이전에 달성될 것이고, 2% 이하라면 2020년 이후가 될 것이다. 현재 중국의 TFP은 약 2~3%로 평가되고 있는데 향후 과학기술과 개방 확대를 통해 이 수준을 유지할 수 있는가 하는 점이 관건이다(胡鞍鋼 2003d, 218-220).

---

17 경제성장은 두 가지 요소를 포괄한다. 하나는 노동·자본·토지·에너지 또는 기타 자원의 요소 투입이고, 다른 하나는 생산요소의 배치와 사용을 지칭하는 생산율인 TFP이다. 이런 점에서 TFP는 요소 투입에 비해 상대적으로 무형적인 요소라고 할 수 있다(胡鞍鋼 2002, 242).

2) 신형 공업화 전략의 특징

첫째, 신형 공업화는 전통적인 의미의 공업화(industrialization)와 공업 현대화(modernization of industry)의 특징을 모두 포괄하는 산업구조의 고도화를 의미한다. 즉 1차 산업의 비중을 줄이고 2차 산업과 3차 산업을 동시에 고도화하는 한편, 정보기술을 핵심으로 하는 하이테크산업의 발전을 통해 산업구조의 고도화를 동시에 실현하는 것이다. 2000년 현재 중국의 하이테크 산업이 GDP에서 차지하는 비중은 4% 수준이며 부가가치도 낮은 편이다. 이것은 선진국의 정보기술에 비해 중국 기업의 기술혁신이 강하지 않고, 연구개발과 생산이 효율적이지 못하다는 것을 의미한다. 그러나 〈표 4-19〉와 같이 2020년에도 중국의 산업구조는 선진국형 산업구조가 형성되는 것이 아니며, 여전히 잉여 농업 노동력의 이전은 장기 과제라는 점을 감안할 필요가 있다. 따라서 고용과 성장을 함께 고려하는 발전 모델을 유지하기 위해서는 2차 산업과 3차 산업이 전체 GDP에서 차지하는 비중과 노동력 비중을 일정하게 유지하면서 발전시키는 것이 필요하다. 따라서 기술 집약형 산업과 노동 집약형 산업의 협력적 발전관계는 매우 중요하다.

둘째, 지속가능한 발전과 조화를 이루는 공업화이다. 기존의 선진국형 공업화 모델은 기계화·산업화를 거치면서 실업을 야기하는 문제를 낳았고 전통적 공업화는 사회생산력 발전을 촉진하지만 자원소모형이고 환경과 생태를 파괴하는 부작용을 낳았다. 중국은 이러한 점을 고려하여 양자의 장점을 함께 결합하는 유형의 공업화를 강조하고 있다. 왜냐하면 중국에서는 고용 없는 성장(jobless growth)이 가져올 사회적 위험이 높고, 환경 파괴형 성장은 물 부족, 사막화, 경작지 감소 등 지속가능한 성장을 어렵게 할 것이기 때문이다(劉振英 2001, 90-92). 이런 점 때문에 중국의 신형 공업화는 '인간을 근간으로 삼는(以人爲本) 공업화'라고 불리기도 한다(國務院發展研究中心 新型工業化道路研究課題組 2003). 또한 중국은 동부, 중부, 서부의 3대 지역 경제 지대의 조화로운 발전을 도모하는 전

<표 4-19> 중국 산업 구조의 특징 (단위 : %)

구분		10차 5개년 계획	2001	2003	2005	2010	2020		2050
							중국측	G.I	
1차산업	GDP	연 3.9	15.8	14.6	12.5	10	11.5	7.7	7.0
	종사자비		50	49.1	44.7	36	30~35*	n.a	n.a
2차산업	GDP	연10.7	50.1	52.3	47.3	50	30~40	47.4**	37
	종사자비		22.3	21.6	23.9	35	42 이하	n.a	n.a
3차산업	GDP	연 9.9	34.1	33.1	40.2	40	50 이하	45.0	55
	종사자비		27.7	29.3	31.4	29	48 이하	n.a	n.a

주 : * 연간 취업 인구 중 농업 인구가 0.75~1% 감소한다는 것을 가정한 수치임.

　　** 광산자원과 에너지산업을 포함한 수치임. 순수제조업은 36.1%임.

출처 : www.stats.gov.cn; www.globalinsight.com, 『中國統計年鑑』, 劉美珣(2004)에서 재구성.

략을 추진하고 있다. 서부대개발을 통해 인프라와 생태 환경 정비에 주력하면서 10년 내에 비약적 발전을 꾀하고, 중부 지구는 농업의 산업화를 추진하여 새로운 경제성장점을 육성하고 공업화와 도시화 과정을 가속화한다. 한편, 동부 지구는 산업구조의 고도화를 가속하고 현대 농업을 발전시키며 하이테크 산업과 고부가가치 산업에 기초한 외향형 경제를 발전시킨다는 것이다.

셋째, 대외개방을 확대하는 공업화이다. 무역자유화와 투자자유화는 무역의 증가를 촉진시키는 한편, 석유·천연가스·철광·화공원료·토지집약형 농산품·기술 상품의 수입을 가능케 했다. 이를 통해 중국의 노동력 자원을 활용하여 수출 노동 집약형 제품을 생산하게 하는 한편, 여행업과 같은 무역 서비스를 발전시켰다. 실제 여행업의 성장률은 지속적으로 확대되었다. 2005년 말 기준 중국을 방문한 외국 여행객 수는 연인원 1억 2천만 명으로 전년 대비 10.3% 성장했고 국제여행 외환 수입은 293억 달러로 전년 대비 13.8% 성장했다(中國統計局 2006, 180). 수출입 총액도 2004년 기준 1조 달러를 돌파한 이래 2005년에는 1조 2천억 달러에 달했다. 1995~2005년 외자 총액(차관, 외상 간접 투자 포함)은 554,625건에 1조 4,634억 달러에 달했다. 이 가운데 2005년 말 현재 외상 직접투자는 603억 달러에 달했다. 또한 다국적기업의 중국 기업 인수 합병도 새로운 국면에 진입했으며, 중국 정부도 막대한 외환 보유를 이용하여 '바깥으로 나가는 전략'(走出去)을 장려했다. 10차 5개년 기간 동안 대외 경제 협력은 1,171억 9천만 달러에 달했으며, 투자 분야도 천연가스·광산·임업·통신·에너지 영역으로 다양화되고 있다(石康 2004).

이러한 신형 공업화 노선에 따라 중국의 도시화 발전노선은 초(超)대도시군의 발전, 도시와 농촌의 동시 발전, 지속가능한 발전, 신형 공업화 노선, 통신과 교통의 연계를 추구하고 있다. 즉, 한 국가가 국제경쟁력에 참여하는 주도 역량(미국 동북부 대서양 연해 도시군, 5대호 도시군, 일본의 태평양 연안 도시군, 유럽 서북부 도시군, 영국 런던시군, 중국 장강 삼각주 도시)은 해당 국가의 경제력의 30~40%를 차지하고 있으나, 중국의 경우 18.5%에 불과하다고 인식하고 있다. 도시화는 인류 생활수준을 대규모로 높이는 기본 경로이자 도시와 농촌의 통합 발전의 핵심적인 기반이라고 생각하면서도 인구, 환경, 자원을 고려하여 도시화 발전의 제약과 영향을 고려할 수밖에 없다. 이 경우 인구가 많고 자원이 적으며 환경이 취약한 상황에서 고도로 집중된 대도시에 대한 선택과 집중은 도농 간 협력적 발전을 위해서도 불가피하다. 그리고 도시화는 공업화 중기의 신성장 동력이며 일정한 수준에 도달해야 도시화의 가속을 위한 조건을 구비할 수 있다는 점에서 신형 공업화 노선을 연계하는 한편, 교통과 통신 조건을 대폭적으로 개선하는 데 주력해야 할 것이다.

중국의 국가전략과 한국

1. 중국의 부상을 보는 눈

아편전쟁을 통해 서구의 식민 세력에 의해 강제로 열린 중국의 근대는 1 백여 년 동안 절치부심을 거쳐 '돈과 무기'를 함께 가진 중화의 복원을 꿈꾸며 스스로의 근대를 열어가고 있다. 특히, 2001년 중국이 세계무역기구에 가입한 것은 중국이 스스로 전 지구적 자본주의 경제에 접속하고 시장경제가 시민권을 획득한 역사적 사건이었다. 개혁개방 이후 중국은 연간 9% 이상의 고도성장을 지속해 왔고, 향후 2020년까지도 연평균 7.8%의 경제성장을 유지할 것으로 예측하고 있다(王夢奎 2005a, 67). 또한 2005년 두 번째 유인 우주선을 쏘아 올리면서 중국의 과학기술의 현주소를 알려주었고, 2006년 말 기준 GDP 대비 1.84%인 495억 달러[1]에 달하는 국방비를 지출하는 군사적 팽창을 지속하고 있다.

이러한 경제적·군사적 강국화에 따라 국제사회에서 차지하는 중국의 위상

---

[1] 중국의 국방비 규모에 대해서는 실질구매력을 감안할 경우 1,882억 달러에 달한다는 분석도 있다 (http://first.sipri.org/non_first/milex.php, 검색일 : 2007년 6월 9일). 미국은 외국으로부터의 무기 구매, 군 관련 연구 개발비가 누락된 것을 감안하여 1,250억 달러에 달한다고 주장하고 있다(*Financial Times* 2007/06/12).

도 크게 제고되었고 기존의 고립주의에 가까운 외교 노선을 버리고 지역 강대국의 지위에 부합하는 '책임대국론'(Great responsible state)을 제시하면서 국제문제에도 적극적으로 개입하기 시작했다. 중국의 부상에 대해 중국 위협론이 확산되기도 하고, 다른 한편 현실을 수용하고 여기에 부응하는 새로운 질서를 짜야 한다는 중국기회론도 등장하고 있다. 특히, 미국은 자신이 주도하는 세계질서를 '위협'하는 한 축으로 중국을 상정하고 있으며, 외교의 중점도 유럽에서 동아시아 지역으로 옮겨오면서 다양한 정책 수단을 통해 중국을 견제하고 있다. 다른 한편, 미국은 중국의 부상을 있는 그대로 수용하면서 중국기회론의 차원에서 중국과 협력하면서 국제질서 재편을 시도하고 있다.

주로 미국이 우려하는 중국 위협론은 표면적으로는 군사력의 팽창이나 군사기술의 발전 격차 축소에 근거하고 있다.[2] 그러나 본질적으로는 전혀 다른 세계관과 정치체제에 기초한 체질적 반발, 동아시아 안보와 시장을 둘러싼 국가이익이라는 관점에서 최대의 적으로 설정하고 있다. 일본도 동아시아 차원의 지역패권을 추구하는 과정에서 중국에 대한 견제는 불가피하다고 보고 일본발 중국 위협론을 확산시키고 있다. 특히, 최근 중국과 러시아가 합동군사훈련을 실행하는 등 '역사적 유산을 처리하고 가장 안정된 관계'를 유지하게 되자, 미일동맹을 강화하면서 신질서에 대응하려는 움직임도 본격화되고 있다.

중국은 이러한 서방의 중국 위협론에 대해 근거 없는 억측이라고 주장해 왔다. 중국의 부상이 '평화적'으로 이루어지고 있다는 점을 강조하기 위해 2002년 말부터 중국 지도부는 '평화적 부상'(和平崛起 : peaceful rise)이라는 개념을 제시하였다.[3] 그럼에도 불구하고 서방은 '평화적'인 수단보다는 '부상' 그 자체를 주

---

2 중국의 부상에 대한 국가별 위협 인식을 연구한 것으로 Yee & Storey(2002) 참고.
3 중국 평화 부상의 함의와 평화발전론과 이것의 관계에 대해서는 쩡삐젠(2007, 1) 참조. 중국이 평화 부상론에서 평화발전론으로 전환하게 된 과정은 Shutter(2005, 265-266) 참고.

목하자, 오해를 불식시키기 위해 '평화발전론'(和平發展論: peaceful development)을 다시 제기하여 지금에 이르고 있다. 실제로 중국은 미중 관계에서 타이완 문제와 같은 주권 문제를 제외하고는 미국이 주도하는 패권질서를 수용하고 있고, 심지어 국내의 인권 문제와 민주화 문제도 부분적으로 수용하는 실용적이고 현실적인 입장을 취하고 있다. 그러나 이것이 다극질서를 선호하거나 국제 관계의 민주화를 추구하는 과정에서 미국의 일방주의와 충돌할 가능성 자체를 배제하는 것은 아니다. 이런 점에서 중국은 중단기적으로는 힘의 비대칭성을 현실적으로 수용하는 한편, 장기적으로 '위대한 중화민족의 복원'을 추구하면서 중미 관계의 현실과 미래 관계를 이중적으로 접근하고 있다.

이처럼 세계적 차원에서 중국 위협론은 위협적인 '이미지'를 의미할 수도 있고, 잠재적 위협을 과도하게 확산하면서 자국의 이익을 확보하고자 하는 이데올로기적 장치일수도 있다. 그러나 영토와 역사 분쟁을 겪은 주변 국가들은 중국의 부인에도 불구하고 실제적인 위협을 느끼는 것도 현실이다. 문제는 한반도에서 이러한 중국 위협론을 어떻게 다시 구성할 것인가 하는 점이다. 이 것은 한국발 '중국 위협론'의 의미를 찾아 나가는 과정이기도 하다. 사실 중국의 부상이 우리에게 위기(危機)의식을 심화시키고 있다면, 말 그대로 이것은 위험(危)과 기회(機)를 선택하는 십자로에 서 있다는 것을 의미한다.

한반도에서 중국 위협론은 북한의 체제위기를 포함하여 한반도 유사시에 개입할 수 있는 군사력의 팽창, 급속한 중국 경제성장에 따른 한국 경제의 예속 가능성, 중화주의에 기초한 역사 패권주의 등에 근거한다. 이러한 '위협'에 대처하기 위해 한미동맹 관계나 한미일 관계를 더욱 강화하여 중국을 견제해야 한다는 위험 분산 전략(hedging strategy)이 제기되기도 하고, 중국과의 관계 개선을 통해 중국의 위협이 한국에 미치지 않도록 하는 한중 관계의 질적인 변화를 주장하는 중국편승전략(bandwagoning strategy)이 제기되기도 한다.[4]

문제는 현실적으로 한중 간에 영토 분쟁이나 전쟁이라는 최악의 가능성이 없는 상태에서 한국이 중국의 군비 확장에 대응하여 자주국방의 외연을 넓히는 것은 한계가 있고, 경제적으로나 지정학적으로 한국이 중국을 우회하여 발전할 수 있는 길이 뚜렷하게 보이지 않는다는 점이다. 더구나 한미 FTA 협상 타결 이후 한중 FTA는 시간문제라는 점에서 한중 간 정치적·경제적 상호의존이 심화되는 것은 불가피하다. 따라서 이러한 전제에서 출발하여 한국의 대중국 정책의 입지를 확대하고 하위 국제질서의 틈새를 활용하는 전략적 선택이 필요하다. 장기적으로는 동아시아 지역공동체의 가능성을 탐색하면서 '위험'을 관리하는 것이 현재의 위기에 대한 좀 더 현실적인 대응이 될 것이다. 이런 점에서 한국의 대중국 정책은 사안에 따라 한국의 국가이익에 영향을 미치는 정도를 파악하여 대응, 적응, 순응하는 정책 수단을 세밀하게 마련할 필요가 있다.

특히, 중국 사회에 내재하고 있는 모순이 폭발하면서 발생할 위험[5]이나 중국 경제의 경착륙이나 과열 국면이 한국의 국가이익에 미칠 '위험의 정도'를 중국 위협론으로 재구성하는 것이 필요하다. 이러한 중국 위험은 비단 한반도에 국한된 문제가 아니라, 중국 의존도가 높아지고 있는 동아시아와 세계에 치명적인 영향을 미치게 될 것이기 때문이다. 여기에서 우리는 기존의 한중 관계 분석이나 대중국 정책의 전략 수립 과정에서 과도하게 일반화했던 몇 가지 변수들도 재구성할 필요가 있다.

첫째, 미중 관계의 악화를 전제로 한 대응 시나리오이다. 동북아 균형자론이나 전략적 유연성 문제도 실용적 균형외교라는 노무현 정부의 외교 목표에서 도출된 것이다(국가안전보장회의 2004, 24-26). 그러나 미중 관계에 대한 비관적 시

---

4 이는 중국의 부상에 대한 서구의 대응 전략에서도 유사하게 나타난다. Johnson & Ross(1999, 273-276), 정재호(2006, 48) 참조.

5 이에 대한 국내 연구로 중국 경제의 장기 착륙의 위험성을 주목한 연구나 중국 리스크를 새로운 중국 연구의 방법으로 제기한 연구보고서를 참조할 것(이희옥 2005a; 이근·김병국 2007).

나리오까지 염두에 두고 한국이 동북아에서의 지역분쟁에 휘말리지 않아야 한다는 맥락에서 제기된 것이다. 그러나 중국은 근대 중화제국으로 복귀하고자 하는 열망에도 불구하고 이를 21세기에서 실현할 수 있는 능력에는 명확한 한계가 존재한다. 특히 2008년 올림픽과 2010년 상하이 올림픽을 거쳐 전면적 소강사회6를 건설하고자 하는 2020년까지 중국은 균형을 강조하면서도 성장주의 전략을 통해 국내 모순을 관리할 수밖에 없다. 이것은 중국이 대외 전략을 추구하는 과정에서 공격적 현실주의 대신 방어적 현실주의를 선택할 수밖에 없는 배경이기도 하다(이희옥 2005b). 이런 맥락에서 안정적인 대외 전략의 기조를 유지하는 데 있어 핵심적인 요소는 미중 관계의 안정화에 있다(Wang 2006). 따라서 중국은 기존의 비동맹 정책을 변경할 필요를 느끼지 않을 것이며, 심지어 최근 관계가 심화되는 중러 관계도 동맹의 수준이 아니라, 전략적 협력동반자 관계를 유지하는 수준에서 그치게 될 것이다(Shutter 2005, 122).

둘째, 한국 외교에서 중국 변수를 둘러싼 위치 정립(positioning)에 관한 것이다. 한중 관계의 발전은 한미동맹의 대체재(substantive goods)가 아니다. 그러나 이것은 한미동맹이 한중 관계의 우위에서 작동하는 질서를 그대로 수용해야 한다는 것까지 의미하는 것도 아니다. 다시 말해 힘의 크기가 확대된 중국 변수에 따라 한중 관계는 물론이고 한미 관계에도 영향을 미치는 것을 면밀하게 고려해야 한다는 것이다. 중국 위협론을 이미지로 볼 것인가 실체로

---

6 '전면적' 소강사회란 가난(飢寒) → 온포(溫飽) → 소강(小康) → 대동(大同) 단계 중에서 소강에서 대동으로 넘어가는 과도적 단계이다. 이러한 '전면적' 소강사회에 대한 중국 당정의 공식적인 해석은 다음과 같다. "2020년의 국내 총생산액을 2000년 대비 네 배로 늘리고 종합 국력과 국제경쟁력을 뚜렷이 증강시켜야 한다. 공업화를 기본적으로 실현하고 완비된 사회주의 시장경제 체제와 좀 더 활력 있고 개방된 경제체제를 구축해야 한다. 도시의 인구 비율을 더욱 큰 폭으로 늘리고, 공업과 농업의 격차, 도시와 농촌의 격차와 지역 간의 격차가 확대되는 추세를 점차 돌려 세워야 한다. 사회보장 체계가 비교적 건전해지고 사회적 취업이 비교적 많아지며 가정 재산이 보편적으로 늘어나고 인민 생활이 더욱 유족해지도록 해야 한다"(강택민 2002, 22).

볼 것인가, 중국 부상이 기회인가 위협인가, 한중 관계-미중관계-한미관계 사이에 어떤 함수관계가 존재하는가를 밝히려는 시도가 그것이다. 실제로 중국 문제를 미국 변수의 하위 변수로 취급하는 숙명주의에서 벗어나 중국을 독립변수로 처리하는 인식의 전환이 필요하고 이러한 외교적 태도는 한국 외교의 글로벌화와 관련한 중요한 의제 설정이다.

셋째, 한국 외교의 글로벌화는 중견국가(middle power)[7]의 위상을 가진 국가가 스스로의 전략 지도를 그려보는 데에서 출발할 필요가 있다. 이를 위해서는 물론 좀 더 동태적인 동아시아의 지형도를 읽어야 한다. 특히 미중 간의 협력과 갈등, 중일 간의 지역을 둘러싼 패권 경쟁과 협력, 일본의 독자화, 미중 협조체제 속의 한반도와 북한의 위상, 동북아 다자안보 질서, 한반도 통일이라는 구체적 상황을 염두에 둔 중미 간 이해 충돌, 주한미군과 주일미군 논쟁에 따른 미일동맹의 성격 변화, 타이완 문제, 한국의 대중정치가 외교에 미치는 영향을 함께 읽는 동태적인 것이 되어야 할 것이다.

이것은 한중 관계가 양자관계를 넘어 지역협력체 속에서 양자의 행동과 규범이 제약을 받는 과정이기도 하다. 그것은 동(북)아시아 공동체일 수도 있고 그 동심원을 확장해 나가는 아시아주의(Asianism)일 수도 있다. 한중 관계는 이러한 구조 속에서 재구성될 필요가 있다. 이것은 '중국은 우리에게 무엇인가'를 넘어 '중국은 우리에게 무엇이어야 하는가'라는 근본적인 질문이기도 하다.

---

7 중견 국가는 "혼자서는 효과적으로 행위할 수 없으나 소그룹이나 국제기구를 통해서 체계상의 영향력을 확보할 수 있다고 믿는 국가 지도자들이 있는 국가"(Keohane 2002, 296)라고 볼 수 있다. 이런 점에서 한국은 세계 10위권의 경제 규모를 가지고 있고 OECD 회원국이며 국가 지도자가 이러한 의식을 가지고 있다고 보인다.

2. 한중 관계의 현황과 과제

1992년 수교 이후 한중 관계는 전방위적으로 발전해 왔다. 2007년을 '한중 교류의 해'로 선포하고 본격적인 국민 교류의 시대를 열어 가겠다고 천명하기도 했다.[8] 한중 관계는 이러한 우호적인 분위기를 유지해 나가겠지만, 새로운 정치환경에 따라 변화를 겪을 가능성도 있다. 한국 사회의 보수화와 함께 북한 문제를 둘러싼 인식의 변화를 겪을 수 있고, 2007년부터 산·관·학 공동 연구를 시작하면서 사실상의 한중 FTA 논의가 본격화되는 과정에서 이상 기류가 형성될 수도 있다. 여기에 한중 간 역사 문제가 덧붙여질 경우 예상외로 복잡한 국면이 전개될 수도 있을 것이다. 그리고 이러한 한중 관계는 부정적이든 긍정적이든 한미동맹 관계에도 영향을 주면서 발전할 것이다.

1) 정치 안보 관계

한중 관계에서 정치와 경제는 매우 비대칭적으로 발전하였다. 이것은 정치적으로 한미동맹 체제가 한중 관계와 북중 관계를 제약해 왔기 때문이다. 그러나 미국발 북한 위협론이 약화되고, 한중 간 정치적·경제적 이해의 폭이 넓어지면서 중국의 개혁개방 노선의 속도와 폭만큼이나 양국 관계도 크게 확대되었다. 최근에는 협력 범위가 정치군사적 교류, 의회 교류까지 확장되었다. 2003년 노무현 대통령의 중국 방문을 계기로 한중 관계는 기존의 '협력동반자 관계'에서 안보차원에서도 협력이 가능한 '전면적 협력동반자 관계'(compre-

8 한중 교류의 해에 대한 한국과 중국 양국의 평가는 『當代韓國』(2007 春季)에 실린 주중한국대사와 주중한국대사의 인터뷰를 참고하라.

hensive cooperative partnership)로 격상되었다. 이것은 중국이 러시아 등 강대국과 맺고 있는 '전략적 협력 동반자 관계'의 직전 단계이다.[9] 특히 '북한위협'을 전제로 공고해진 한미동맹 체제는 남북 교류의 활성화와 남한 내 민족주의 정서가 고양되면서 그 성격이 재조정되기 시작했다. 이 과정에서 북한도 '남북한의 모순은 부차적인 모순이고 한반도와 미국의 대립이 주요한 모순'으로 인식하기 시작하였다. 이것은 북한 체제를 보는 시선과 북한 핵 문제를 처리하는 한국 정부의 입장에도 일정한 영향을 주었다.

이처럼 남북 관계의 발전은 한중 간 정치 관계에도 영향을 주었다. 무엇보다 핵의 평화적 이용의 문제, 북한 핵 폐기의 절차와 해결 방식, 북한 체제의 안전보장 문제, 북한 체제의 존재 방식에 대한 인식의 공감대를 가지고 있다. 실제로 중국은 북한이 개혁개방을 통해 체제의 연착륙을 이룰 수 있도록 설득하거나 때로는 강력한 메시지를 전달해 왔으며, 한국도 북한의 급속한 붕괴나 그 결과로 인한 통일보다는 북한이 개혁개방 체제로 연착륙하는 것을 지지하면서 각종 대북한 경제 지원을 지속해 왔다. 그럼에도 불구하고 한중 간에 동북아 안보질서가 어떤 형태로 구성되어야 하는가의 문제, 한반도 통일의 절차와 방식, 통일한국의 국가성격에 대한 상호 인식 차이는 여전히 남아있다.

---

9 중국은 1996년 이후 대외관계를 단순 수교국 → 선린우호 → 동반자 → 전통적 우호협력 → 혈맹으로 구분했다. 이러한 관계 가운데 동반자 관계는 협력 동반자(대체적인 우호 관계를 유지하고 있으나 개선의 여지가 있는 관계 : 일본) → 건설적 협력 동반자(중국의 이익에 중요하지만 전략적 이해가 상충하는 관계 : 미국) → 전면적 협력 동반자 관계(안보 차원에서의 협력도 가능한 관계 : 파키스탄·인도) → 전략적 동반자(캐나다·영국·독일·브라질) → 전략적 협력동반자 관계(러시아) → 전면 전략적 동반자 관계(프랑스·이탈리아 등)로 구분한다. 동반자 관계란 서로 대결하지 않고 '이견을 접어두고 같은 부분부터 협력한다'는 원칙과 제3세계를 공격하지 않는다는 뜻이 포함되어 있다. 전략적이라는 용어는 선진국이나 강대국과의 외교 관계에 주로 사용한다. 중국-북한 관계는 혈맹에서 한중수교 이후 전통적 우호협력 단계로 조정되었다. 그러나 이러한 규정이 고정된 것은 아니다. 일본의 요구로 2007년 '전략적 호혜관계'를 논의했고 미국과도 세계 전략적 차원에서 전략적 동반자 관계를 맺기도 했다(陳區華 2001, 167-174).

　한중수교 이후 정치 교류는 지속적으로 확대되고 긴밀해졌다. 수교 이후 2006년 말까지 정상회담 20회, 준 정상회담 15회를 비롯하여 수많은 외교장관 회담과 의회 교류, 정치 대화와 전략 대화를 통해 한중 간의 정치 현안을 논의하는 통로가 다양하게 개척되었다. 2006년에는 노무현 대통령이 현직 대통령으로는 처음으로 임기 중 두 번째로 중국을 방문하기도 했다. 특히 1993년과 1994년 서울과 베이징에 무관부를 설치하면서 한중 간 군사 교류가 시작되었고, 1999년에는 한중 국방장관 회담이 베이징과 서울에서 번갈아 열리면서 본격화되었다. 그리고 양국 군사관계는 군함이 상하이와 인천을 상호 기항하는 것으로 발전되었다. 더구나 일본 정치의 보수화·우경화, 역사 문제로 인해 한일관계가 냉각기에 접어들면서 한국의 국방장관은 '중국을 이용해 한반도 안정에 도움을 줄 수 있는 방안을 생각하는' 단계로 발전시킨다는 의지를 피력하기도 했다(『문화일보』 05/04/25). 이것은 한중 군사 교류의 수준을 적어도 한일 군사 교류 수준까지 끌어올려 중일 간 균형을 취하고자 하는 의도라고 할 수 있다. 2006년에 다시 한중 간 외교·국방 당국 간 안보대화를 개최하면서 이 회담의 정례화를 위해 노력하기로 합의했다. 2007년 4월의 원자바오의 한국 방문을 계기로 이루어진 양국 간 군사 핫라인 설치는 이러한 협력의 진전을 의미한다(『한겨레신문』 07/04/12).

　이러한 사실은 중국의 한국전 개입이라는 역사적 유산, 한미동맹, 북한 변수라는 걸림돌들이 존재하는 현실을 고려하면 일대 사건이었다. 따라서 향후 한중 정치 관계는 기본적으로 갈등보다는 협력의 여지가 넓다. 그러나 기본적으로 체제 이데올로기의 차이가 엄연히 존재하고 높은 단계에서 '평화인가 통일인가'에 대한 인식, 미래한국에 대한 구상에서 견해 차이가 존재한다. 북한 문제를 처리하는 데 있어서도 전쟁 억제와 핵 보유 반대라는 공동이익을 추구하는 것이 아니라 공동 회피(common aversions)의 측면이 강하다. 그리고 정치 관계의 발전에도 불구하고 군사 안보 협력의 진전은 여전히 느리고 상호주의가 결여되어 있다(김태호 2006). 뿐만 아니라 주요 현안, 예컨대 한국이 재외동포법안을 통과시켜 일정한 자격을 가진 재중동포들에게 한국 국적을 회복할 수 있는 길을 열어놓음으로써 주권 문제를 둘러싼 갈등이 나타날 가능성이 있다. 탈북자 처리 문제도 예외는 아니다. 한국 정부는 '조용한 외교'를 통해 탈북자의 한국행을 중국 측과 협의해 왔으나, 중국은 한중 관계나 북중 관계의 성격변화에 따라 탈북자 문제를 때로는 국내법적으로 때로는 국제법적으로 사안별로 처리할 가능성이 있고, 북중 관계의 복원과 함께 이러한 우려는 일부 현실화되고 있다.

2) 경제 관계

한중 간의 교역 규모는 〈표 5-1〉, 〈표 5-2〉와 같이 2006년 말 현재 한국 측 통계로 약 1,180억 달러, 중국 측 통계로 1,343억 달러에 달한다.[10] 이것은 1992년 수교 당시 각각 63.7억 달러와 50.3억 달러에 비해 각각 18.5배 26.7배 늘어난 수치이다. 한국의 대중국 무역 흑자 규모도 각각 210억 달러, 445억 달러에 달한다. 이렇게 보면 2006년 한국의 총 교역액 6,348억 달러에서 대중국 교역이 차지하는 비중은 18.5%를 차지하고 있다. 이처럼 중국은 한국의 최대 교역국이고 중국 측에서 보더라도 한국은 미국, 일본, 홍콩에 이은 제4대 교역국이다. 한국의 대중국 해외직접투자도 2006년 2,300건에 33억 1천만 달러(누적액은 15,909건에 169.8억 달러)를 기록하여 금융업을 제외하면 홍콩에 이은 제2위 국가이다.[11] 한편, 중국의 대한국 투자는 333건에 4천만 달러로 전체 해외

---

10 한중 간 교역 규모의 차이는 홍콩을 통한 간접무역의 포함 여부, 한국산 제품의 불법 수출과 중국의 공식 수입으로 보는 통계상의 차이 때문이다.

<표 5-1> 한중 무역 규모 (한국 측 통계/ 단위 : 억 달러, %)

구분	2001	2002	2003	2004	2005	2006
총액	314.9(0.2)	411.5(30.6)	570.2(38.6)	793.5(39.2)	1000.6	1180.1
대중국 수출	181.9(1.4)	237.5(30.6)	351.1(47.8)	497.7(41.8)	619.2	694.6
대중국 수입	133.0(3.9)	174.0(30.8)	219.1(25.9)	295.8(35.0)	386.5	485.6
무역수지	48.9	63.5	132	201.9	232.7	209.0

출처 : 한국관세청 통계.

<표 5-2> 한중 무역 규모 (중국 측 통계/단위 : 억 달러, %)

구분	2001	2002	2003	2004	2005	2006
총액	359.1(4.1)	440.7(22.8)	632.3(43.5)	900.7(42.5)	1,119.9(24.3)	1,343.1(20.0)
대한국 수출	125.2(10.9)	155.0(23.8)	201.0(29.7)	278.2(38.4)	351.2(26.2)	445.3(26.8)
대한국 수입	233.9(0.8)	285.7(22.2)	431.3(50.0)	622.5(44.3)	768.7(23.4)	897.8(16.9)
무역수지	-108.7	-130.7	-230.3	-344.3	-417.6	-452.5

출처 :『中國海關統計』.

<표 5-3> 한국 기업의 대중국 투자 현황 (단위 : 억 달러)

년도	건수	계약 금액	실제 금액
2001	2,909	34.9	21.5
2002	4,008	52.8	27.2
2003	4,920	92.8	44.9
2004	5,625	139.1	62.5
2005	6,115	197.6	51.8
2006	4,262	123.2	39.0

출처 : 한국수출입은행, www.koreaexim.go.kr.

---

11 중국 상무부 통계에 의하면 2006년 말 현재 4,262건에 39억 달러이며 누적액 기준으로는 43,130건에 349억 달러에 달한다고 밝혔다.

직접투자의 3.5%를 기록했다. 누적액 기준으로는 5,225건에 19억 7천 달러로 전체 해외직접투자의 1.6%를 차지하고 있다. 중국의 대한국 투자가 최근 들어 급증하고 있음을 알 수 있다.

이러한 한중 경제 규모는 중국 경제가 지속적으로 성장하면서 한국의 대중국 무역과 투자가 활성화되는 상황에서 더욱 확대될 것으로 보인다. 2005년 한중정상회담에서는 수교 20주년이 되는 2012년까지 양국 간 교역 2천억 달러를 달성할 수 있도록 노력하기로 했다(『한겨레신문』 05/11/17). 이 규모는 현재 교역 추세에서 보면 조기에 달성할 것으로 보인다. 그러나 현재 한국이 흑자를 내고 있는 무역구조는 중국이 기술 격차를 빠르게 좁히고 있기 때문에 반도체와 첨단기기 등 일부 분야를 제외하고는 조기에 추월당할 가능성이 크다. 따라서 한중 양국은 경제적 이익을 확보하기 위해 '게임의 규칙'을 자국에 유리하게 만드는 치열한 경쟁에 돌입할 것이다. 특히, 중국이 한국으로부터 기술이전을 '규모의 투자'와 연계하는 등 한중 간 무역마찰이 본격적으로 나타날 가능성이 있고, 농산품 검역을 둘러싼 마찰이 공산품으로 확대되면서 2000년 마늘 분쟁과 같은 일들이 재발될 가능성도 상존해 있다.

한중 경제 관계의 발전과 함께 북한과 중국 사이의 경제 의존도 심화되고 있다.[12] 특히 북한 경제는 북한에 대한 외부의 봉쇄가 풀리거나 남북 관계의 결정적 변화가 없는 한, 전체가 중국 경제권으로 묶이게 될 가능성도 있다. 이미 북한의 북부 국경 지역과 중국 동북 지역의 경제 관계가 심화·확대되고 있다. 중국은 후진타오 출범 이후 동북 진흥 정책을 적극적으로 추진하면서 상대적으로 구조조정이 취약한 동북 지역에 대한 대대적 개발 계획을 추진하고 있다. 이것은 후진타오의 정치적 성과와 관련되어 있기 때문에 국가적 지원이

---

[12] 이러한 북중 관계 발전을 동북4성론으로 접근하는 시각이 있고 이에 대한 비판은 이희옥(2006, 95-99) 참고.

〈표 5-4〉 북중 무역 현황 (단위 : 억 달러)

년도	수출입	증감(%)	수출	증감(%)	수입	증감(%)	차액
2001	7.4	51.6	5.7	27.1	1.7	348.0	4.0
2002	7.4	-0.2	4.7	-18.4	2.7	62.4	2.0
2003	10.2	38.6	6.3	34.2	4.0	46.1	2.3
2004	13.9	35.4	8.0	27.4	5.9	48.1	2.1
2005	15.8	14.1	10.8	35.2	5.0	-14.8	5.8
2006	17.0	7.6	12.3	14.0	4.7	-6.3	7.6

출처 : 『中國海關統計』.

이루어지고 있다. 이미 중국은 북한의 신의주 경제특구에 대해, 중국 동북 지역 개발과의 상호 보완보다는 갈등의 측면이 있다는 점에서 부정적인 견해를 피력한 바 있고, 오히려 북한과 중국의 국경에 동부 변경 철도를 놓고 단둥(丹東) 등 핵심 거점 도시를 본격적으로 건설하고 있다. 실제로 '중국의 어제가 오늘의 북한이고 중국의 오늘이 북한의 내일이다'라는 인식 속에서 중국의 대북한 투자가 본격화되고 있는 중이다. 2005년 들어 베이징과 하얼빈 등지에서 대규모 '북한투자설명회'가 열렸고 중국 기업들의 북한 방문 러쉬 현상도 나타나고 있다. 2006년 말 현재 북중 교역은 17억 달러로 전년 대비 7.6% 증가했다. 북한의 경제상황 때문에 수출 비중이 늘고 수입이 감소한 결과 약 7억 6천만 달러의 흑자를 기록하였다. 그러나 필수 전략물자의 대중의존도는 전체 도입량의 60%에 달한다.[13]

2005년 말 중국의 대북 투자액도 사상 최고치인 1억 달러를 기록했는데,

---

13 북한의 대외 교역액 중에서 대중 교역이 차지하는 비중은 48%이나 투자액까지 고려하면 약 85%로 높아진다(Lankov 06/01/06).

이는 북한이 유치한 외자의 총액인 1억 2천만 달러의 83%를 차지했다. 이것은 북한의 투자 환경 개선, 시장 경제화의 진전, 독립채산제 방식의 도입으로 인한 기업 접촉 강화, 지하자원 개발 수요, 여기에 개성공단 개발이 본격화되면서 기계와 설비 등의 수입이 급증한 데 따른 것으로 보인다.[14]

따라서 한반도 차원에서 북한을 포함한 중국과 한반도의 경제 관계는 또 하나의 전환기에 접어들었다. 중국은 단기적으로는 현재의 무역역조 문제를 지속적으로 제기할 것이다. 이를 위해 중국은 WTO 가입 이후 국제사회로부터 시장 경제 지위를 조기에 얻기 위해 강력한 교역 대상국인 한국으로부터 선의를 요구했고 2005년 한중정상회담에서 이를 관철시켰다. 뿐만 아니라 한중 FTA 체결을 적극적으로 제기하면서 이 문제를 정치 쟁점화할 가능성이 커졌다.

그러나 한중 간 무역의 불균형 문제는 2012년을 계기로 서서히 해소되면서 '역조의 역전' 현상이 도래할 가능성도 크다. 이외에도 동일 산업 내 교역 즉, '산업 내 무역'이 크게 증가하고 있는 데에 주목할 필요가 있다. 전체적으로 한국의 산업은 무역 다변화, 기술 경쟁력의 확보, 인적 인프라 구축, 산업구조의 재조정 등을 위한 또 하나의 험난한 과정을 준비해야 할 것이다. 북한도 국경무역의 장점 때문에 중국 의존도가 심화될 가능성이 있고 이것은 다른 국가들이 북한과의 무역에 참여할 수 있는 기회를 낮추는 결과를 초래할 수도 있다.[15] 또한 북중 간 경제 관계에서 중국의 대북 지원이 국제정치적 현안과 연계하여 전략적으로 움직인다는 점을 고려할 때, 외형적 의존보다는 일상생활 등 내부적 의존도는 더욱 심화될 것이다.

---

14 중국의 대북 투자에 대한 다양한 실제 사례를 보여 주는 르뽀 기사로 江迅(2006), 金哲 外(2005, 132), 『經濟觀察報』(05/03/21).
15 일본은 이러한 점 때문에 조선족의 중·일 간 역할에 주목하여 옌지(延吉)에 일본문화센터를 건립하고 옌볜대학에 장기적인 학술 지원이 중요하다는 정책 보고를 지속적으로 내고 있다.

3) 사회 문화 관계

전통적으로 한국의 거울에 비친 중국은 상국(上國)이나 대국이었다. 조선 중기 만주족인 청나라가 등장하면서 조선이 중화의 정통성을 잇는다는 의미에서 '소중화'를 자처한 적은 있으나, 기본적으로 중국의 영향력 속에서 조선 사회가 움직였다. 그러나 청일전쟁은 중국에 대한 조선의 인식을 전환시킨 계기가 되었다. 즉 중국은 더 이상 난공불락의 '천자의 나라'가 아니라 근대 문명에서 낙오한 국가라는 인식이 형성되었다. 특히 중국이 한국전쟁에 개입하였고, 냉전의 유산 속에서 문호가 닫혀 있었기 때문에 중국은 '죽의 장막'에 갇혀 한국의 안보환경을 위협하고 북한을 후견하는 적성국가로 각인되었다. 여기에 낙후된 중국 경제 상황까지 겹쳐지면서 '천한 중국'(humble China)이라는 이미지가 고착되었다. 이러한 인식에 변화를 가져다 준 계기는 중국의 개혁개방 정책과 1992년 한중수교였다. 이후 한국 기업이 중국에 본격적으로 진출하면서 중국은 '기회의 땅'으로 변화되었고, 과감한 자본주의적 요소를 도입한 중국 정부의 개혁개방 정책으로 중국은 세계의 공장이자 세계의 시장으로 변모되었다. 그 결과 중국에 대한 한국의 '근거 없는 우월감'이 사라졌고 중국을 모든 자원을 빨아들이는 블랙홀이나 자기장의 축으로 보게 되었다.

한편 중국의 한반도 인식은 조공체제라는 전통적인 동아시아 국제관계의 틀에 의해 작동되어 왔다. 중국인은 우리를 동이(東夷)라고 불렀듯이 기본적으로 '문명화된 오랑캐'라는 시선이 수천 년 동안 지속되었다. 이러한 인식의 변화를 가져온 계기도 청일전쟁이었다. 중국은 이 전쟁에서 패하면서 '세계가 곧 중국이다'라는 중화질서에서 '세계 속의 중국'으로 지위가 추락하였다. 물론 그렇다고 해서 당시 중국이 종주국으로서 조선 독립을 지원해야 한다는 전통적인 인식을 거둬들인 것은 아니었다. 불행하게도 대등한 인식을 공유할 틈도 없이 한국전쟁 이후 중국의 전통적인 부정적 한국관에 미국의 식민지 국가라는 이미지까지 덧씌워졌다. 즉 중국의 눈에 비친 한국은 미국의 종속 국가였고 타이완을 지지하는 국가였다. 반면, 북한은 '피를 나눈 우애의 국가'였다. '미국에 항거하여 조선을 지원한다'(抗美援朝)는 한국전쟁의 참전 논리도 바로 이러한 인식의 결과였다. 이러한 한국에 대한 편견과 왜곡은 한중수교를 계기로 완화되었으며, 한국 경제성장의 원인을 연구하면서 한때는 박정희식 개발 독재모델을 포함하여 신흥공업국의 발전 모델을 배우기도 했다. 그러나 IMF 금융위기 이후 중국은 한국에 대해 기존의 한강의 기적이라는 이미지와 '허풍선이 한국'이라는 서로 다른 이미지를 얻으면서 한국에 대한 균형적이고 객관적인 시각을 얻게 되었다.

그러나 기본적으로 중국은 한국을 전후 50년간 미국 주도의 질서에 능동적으로 참여해 오고 있는 국가로 보고 있다. 따라서 한국인의 대미의식 변화에도 불구하고 한미동맹에 기초한 대미 의존관계는 근본적으로 변하지 않을 것으로 보고 있다. 따라서 중국, 일본, 러시아가 정립(鼎立)하는 지연(地緣)정치에 노출되어 있는 한반도에서 중립화가 대안이라고 생각하는 경향도 확산되고 있다. 이것은 통일한국이 가져올 불확실성보다는 '평화로운 분단'이 중국의 국가이익에 더욱 부합한다고 보기 때문이다. 이것은 현대판 '속국의 복귀'(the return of tributary)라는 중국의 전통적 의식을 반영하는 것이기도 하다 (Mosher 2000, 110-111).

이러한 한중 간 인식의 차이에도 불구하고 사회 문화 교류는 폭발적으로 늘어나고 있다. 특히 대중문화 수준에서 한국의 음반과 드라마, 게임 산업의 진출은 1990년대 이후 새로운 문화 현상으로 자리매김하고 있다. 특히 중국은 자국의 문화산업이 빈약하기 때문에, 세련되고 화려하며 아시아인의 외모를 갖춘 한국 문화에 특별한 거부감 없이 열광하고 있으며, 이것은 한류라는 새로운 트랜드로 뿌리내리고 있다. 실제로 중국은 개혁개방 과정에서 형성된 부유계층이 문화를 '즐기는' 쪽으로 이동하고 있으며 이것이 하나의 문화산업으로 성장하고 있다. 중국의 문화소비 지출액은 2005년 28억 달러를 넘어 2015

〈표 5-5〉 한중 인적 교류 현황 (단위 : 명, %)

연도	방한 중국인	증가율	비중	방중 한국인	증가율	비중
2001	48.2	8.9	9.4	167.7	25.6	14.9
2002	53.9	11.9	10.1	222.4	32.7	15.8
2003	51.3	-4.9	10.8	194.5	-8.2	17.1
2004	62.7	22.4	10.8	284.5	46.3	16.8
2005	71	13.2	11.8	354.5	24.6	17.5
2006	89.7	26.3	14.6	392.4	10.7	17.6

주 : 방한 규모는 한국관광공사, 방중 규모는 중국 국가통계국. 중국 방문자 수는 제3국의 경우 중국 방문자를 포함시키기 위해 중국 국가여유국(國家旅遊局) 통계를 인용.

년에는 730억 달러 규모에 이를 것으로 추산되고 있다. 이와 함께 문화유산과 지리적 이점에 근거한 한중 간 관광 수요도 급증하고 있다. 이미 중국 내 외국 유학생의 38%를 한국인이 차지하고 있고, 연인원 480여만 명이 양국을 방문하였다. 중국은 이미 한국인의 최대 방문국의 자리를 유지하고 있으며, 2006년 말 기준 한국의 6개 도시와 중국의 30개 도시 간 주당 779회 항공편이 운항하고 있다. 한편, 중국 내에서 한국학 붐과 한국에서 중국 연구 열기가 나타나고 있다. 한국에 중국 관련 학과가 설치된 대학이 이미 100여 곳을 넘어섰고 중국에서 유학하는 유학생은 4만 명 수준(재한 중국 유학생 5천 명)으로 전체 외국 유학생의 절반에 달한다. 중국 내에서는 2015년까지 중국에 장기 체류하는 '신조선족'이 100만 명에 달할 것이다. 이러한 교류는 이미 작은 정치적 차이를 쉽게 극복할 수 있는 수준으로 발전한 것이고 이런 추세를 되돌리는 것은 물리적으로 불가능해졌다.

그러나 한중 관계는 광범위한 사회 문화적 교류에도 불구하고 사안별로 갈등이 발생할 가능성이 있다. 이 가운데에서도 다민족 통일국가론에 기초한 중국의 역사인식과 이러한 역사인식을 해석하는 한중 간 인식의 차이가 크다는 점이다. 중국이 동북공정을 추진하고 그 과정에서 고구려사를 중국사에 귀속시키고 고구려를 중국의 지방 정권으로 규정하면서 한국의 격렬한 반발을 불러 일으켰다. 그 결과 1990년대 중반 이후 미국을 줄곧 앞질러 왔던 중국에 대한 한국인의 호감도는 고구려사 왜곡으로 인해 급반전했다. 이것은 역사 문제가 정치 문제에 깊은 영향을 줄 수 있음을 보여 주는 사례이다. 문제는 중국이 역사 서술 체계를 변경하지 않는 한, '고구려사는 한국의 역사'라고 인정할 가능성이 없고 유사 사건은 한국 정부의 태도에 따라 왜곡되거나 재발될 수 있다는 점이다.[16] 따라서 한중 간 우호집단과 비우호 집단, 정부와 민간, 지역과 계층 간 인식 차이를 줄여 나가고, 사회 문화 교류의 목표와 방법을 세우고 실천할 필요가 있다. 최소한 한중 간 사회 문화적 인식 차이는 보편적 국제주의의 지평, 적어도 21세기 메가트랜드의 하나인 동(북)아시아 지평에서 만날 수 있도록 유인할 필요가 있다.

3. 중국의 한반도

중국의 한반도는 역사적으로나 지리적으로 가장 중요한 외부 대국이다. 한반도는 중국의 입장에서 보면 중국의 '머리'에 해당한다. 군사적으로 보면 상대가 한반도를 이용하여 서로 다른 방향에서 중국을 위협하고 공격할 수 있다. 이것은 중국의 동북아 안보전략에 직결될 뿐 아니라, 전체 북부 연해 지역

---

16 동북공정이 한중 외교 관계의 변화에 끼친 영향에 대해서는 Lee(2005, 252-259), 동북공정 프로젝트의 경과와 현황에 대한 자세한 개요와 추진 논리에 대해서는 이희옥(2005d) 참조.

의 방위에도 중요한 역할을 하는 곳이다(Johnson 1995; 解放軍總參軍訓部 1989, 93). 한반도는 경제적으로도 중요한 지연 경제 이익을 가지고 있다. 이러한 맥락에서 중국의 한반도는 중국 자체의 국가이익을 고려하면서 독특한 전략적 체계를 갖추고 있는 것이다. 6자회담을 기획, 조직, 주재하는 과정에서 중국은 책임있는 동아시아 대국과 밀접한 연관을 지닌 이웃국가의 신분으로 한반도 문제에 접근해 왔다(孟慶義·趙文靜·劉會淸 2006, 247-253). 이런 점에서 북한 체제의 유지, 북한 체제의 개혁, 한중 양국과 포괄적이고도 확고한 관계 유지, 한반도에 대한 지배적 영향력 확보, 남북한 통합, 북한의 대량살상무기와 비핵화 실현으로 요약할 수도 있다(Shambaugh 2003, 44-45).

1) 북한 핵 문제

중국의 동(북)아시아 일체화 전략의 차원에서 한반도 문제를 접근하는 방식이 빨라지고 있다. 북한 핵 문제 이해 당사국들이 대북한 영향력을 지닌 중국의 역할에 기대를 걸고 있고, 중국으로서도 북핵 문제 해결을 통해 중국의 외교 능력을 과시하는 한편, 미국을 동북아 다자안보 체제로 끌어들여 새로운 동북아 판을 짤 수 있는 계기라고 생각하고 있다. 이런 점에서 북한 핵 문제와 한반도 통일 문제에 접근하는 중국의 태도를 확인할 수 있다. 북핵 문제 해결을 위한 9·19 공동성명과 2·13합의를 통해 6자회담의 틀을 동북아 안보 기제로 전환시키는 문제, 양자회담과 다자회담에서 중국의 역할, 에너지 공급과 협력의 방식, 향후 실무적인 행동 프로그램을 협상하는 과정에서 여전히 중국이 개입할 수 있는 통로가 유지되고 있다.

중국은 북핵 문제의 성격을 미국과 북한과의 전략적 이해와 안보이익의 대립, 한국과 일본의 동맹 이익과 자국 이익 간의 모순적 선택, 중국과 러시아의 지역책임과 지연(地緣) 이익에서 찾아 왔다(盧國學 2004, 165-167). 중국은 공식적으로 북핵 문제가 미국이 북한 핵개발을 저지하기 위한 다양한 수단을 동원하면서 북미 간의 대결을 고조시키면서 발생한 것으로 보았다. 그리고 북한이 핵을 보유하고자 하는 배경은 '협상용', '자위용', '절약론'으로 이해해 왔다. 즉 북한은 핵무기 보유를 통해 북한 민심의 고취, 한국과 일본의 견제, 미국 공격의 저지, 협상 기능의 극대화를 위한 것으로 보고 있다. 이런 맥락에서 한때 북한 핵 문제가 민족자본과 국제적 승인을 위한 전략적 조치이기 때문에 우려할만한 것이 아니라는 소극적 대응론이 중국에서 제기되기도 했다. 그러나 북한의 핵 보유가 중국의 안전에 심각한 위협이 되기 때문에 적극적으로 문제해결에 나서야 하며, 이를 위해 외교적 전환이 필요하다는 적극적 대응론이 제기되었고 중국 정부의 입장도 적극적 대응론으로 경사되어 왔다.[17] 이러한 배경은 다음과 같은 이유 때문이다.

첫째, 비핵화는 한반도에서 핵이 없는 상태를 의미한다. 북한의 핵 보유는 중국의 한반도 인식의 상위 범주인 '한반도의 안정과 평화'에 배치된다. 북한이 핵을 보유할 경우 미국의 미사일 방어(MD) 구축 정책과 동북아 전역미사일 체제(TMD)의 명분이 강화되고, 타이완의 핵 보유, 일본의 재무장으로 이어지는 최악의 시나리오를 막을 방법이 없다고 본다. 이 가운데에서도 타이완의 핵 보유는 타이완의 분단 상황을 장기화하고, 중국 접경 지역 모두가 핵을 보유하게 되어 중국이 핵으로 포위되는 국면이 나타나게 됨을 의미한다. 또한 노동1호 미사일이 중국 전역을 사거리로 하고 있는 점은 중국의 안전보장에도 잠재적 위협이 될 수 있다. 이런 점에서 중국이 비핵화 입장을 포기할 가능성은 없다. 더욱이 '핵 보유 자체가 문제가 아니라 누가 핵을 가지고 있는가'라

---

17 중국의 북핵 인식은 한반도 비핵화, 대화를 통한 평화적 해결, 북한의 합리적 안보 우려 해소라는 틀에서 작동하고 있다(任曉 2005, 42).

는 점에서 과연 중국이 북한을 신뢰할 수 있는가 하는 문제도 제기될 수 있다. 일단 북한이 모든 핵무기와 현재의 핵 계획을 포기하고 '핵무기 비확산조약'에 조기에 복귀하고 국제원자력기구의 사찰을 허용한 이상, 중국의 한반도 비핵화 노력은 일정한 성과를 거둔 것으로 평가할 수 있다.

둘째, 한반도 비핵화를 달성하는 방법에서 중국과 미국은 뚜렷한 차이점이 있다. 미국은 이라크 공격 이후 대북 정책의 목표는 정권 교체(regime change)를 통한 북한 해방이고 이것이 불가능하다면 '되돌릴 수 없는 수준'으로 북한 핵 프로그램을 폐기하는 것이었다. 이것은 미국이 북한에 대해 환상을 가지지 않고 있다는 것과 김정일에 대한 깊은 의구심(skepticism)을 반영하는 것이다. 그러나 4차 6자회담에서 미국이 핵무기나 다른 재래식 무기로 북한을 공격할 뜻이 없다고 밝힌 것은 미국의 대북정책에 일정한 변화가 있음을 보여 준다. 반면, 중국은 줄곧 북한의 체제 안전까지 위협하는 '추가적 조치'에는 반대해 왔다. 중국은 기본적으로 북한이 미국의 대북 군사 위협과 체제 붕괴 압력 때문에 북한이 핵 카드를 사용한다고 보고 북한 체제에 대한 안전보장이 북한 핵 문제의 우선적인 해결 방식이라고 보았다(孫承 2003, 19). 요컨대 중국이 체제 안전보장에 기초한 비핵화의 평화적 해결을 주장하는 이유는 다음과 같다. ① 북한의 체제위기는 중국의 위기를 유발할 가능성이 크다. 후진타오 체제도 사회주의 이데올로기에 여전히 구속되어 있다는 점에서, 사회주의적 연대를 파기할 경우 중국의 체제 안정도 위협받게 될 것이다. ② 좀 더 현실적으로 북한의 체제 붕괴는 북한의 난민을 양산시키고 이들이 대부분 중국의 동북 국경을 따라 이동할 것이라는 점에서 중국에게 부담이 된다. ③ 북한 체제의 붕괴는 한반도 전체에서 미국에 우호적인 정권이 수립된다는 것을 의미한다. 이것은 중국이 미국과 국경을 맞댄다는 것을 의미하며, 미일동맹이나 한미동맹 체제가 중국을 겨냥하고 있는 상태에서 위기를 느낄 것이다. ④ 북중 관계는 중국혁명과 한국전쟁에서 피를 나눈 혈맹의 우애를 과시해 왔다. 전통적 의리관을 강조해 온 중국은 북핵 문제로 야기된 상황을 일거에 경제적 합리성에 기초해 변경하지 않을 것이다. 이런 점에서 중국은 미국에게 북한의 안보 우려를 해소해 줄 필요가 있다는 점을 강조하면서 성실한 중재자로서의 역할을 통해 한반도에 대한 영향력을 유지하고 있다(『한겨레신문』 03/04/29).

셋째, 중국은 해결 방식에서 북미 간 당사자 해결 원칙을 고수해 왔으나, '필요하면 역할을 할 수 있다'는 적극적인 태도를 취하기 시작하였다. 즉, 북핵 문제가 북미 간의 당사자 문제라는 것에 동의하지만, 미국과 북한의 대화만으로 방치할 수 없다는 태도를 보이고 있다. 이것이 중국이 3자회담과 6자회담을 제안하고 일정한 성과를 거두었던 배경이었다. 사실 3자회담의 경우에는 선의의 중재(good office) 역할을 하는 예비회담 또는 내부회담의 형태로 규정하면서 3자회담의 '3자' 회동의 의미를 축소하였다. 그러나 6자회담은 일종의 다자회담으로 기존의 북미 간 대화를 지원하는 기존의 예비회담의 성격을 크게 변화시켰다. 6자회담의 공동성명을 발표하기까지 중국은 '6자' 내에서 쌍무협상을 중재하면서 북한 핵 문제를 6자회담의 틀 속에서 풀고자 했고 향후 이 기제는 동북아 안보 협력과 관련하여 별도의 포럼을 통해 한반도의 영구적 평화체제에 대한 협상을 가질 것이라고 밝힌 것도 중국 역할과 관련하여 매우 의미 있는 변화이다.

지정학적으로 한반도는 중국과 러시아, 일본 사이에 위치해 있어 동아시아 관문의 역할을 한다. 특히 중국은 이러한 지리적 인접성 때문에 군사 주둔과 같은 직접적인 개입 없이도 한반도에서 가장 강력한 영향력을 지니게 된다. 그리고 그 영향력의 크기는 중국의 경제력과 국방력 강화와 한반도에서 미국의 역할 감소와 맞물려 확대되고 있다. 따라서 북중 관계가 이전의 혈맹 관계에서 선린우호의 관계로 상대적으로 약화되었음에도 불구하고 중국은 한반도 전체의 차원에서 가장 강력한 영향력을 지닌 국가이다. 북한으로서도 남북 관계의 획기적인 진전이 없는 한, 북미 간 갈등을 조정할 수 있는 중재자로 중국을 활용하는 방안 이외의 뚜렷한 대안이 없다. 실제로 북한이 체제위기에 직면하여 핵 보유를 통해 문제를 해결하자는 강경론과, 체제 안전과 경제적 지원을 보장받고 핵무기를 양도하자는 온건론이 공존하는 상황에서 북한 체제 안전보장에 기초한 중국의 대북한 설득은 매우 중요한 변수가 되었다. 3자회담, 4자회담, 6자회담으로 이어지는 과정에서 중국은 9·19 공동성명과 2·13 합의를 도출했다는 점에서 중국 역할의 의미를 확인할 수 있다.

그러나 중국 경제의 지속적인 성장과 한반도와 중국 사이 상호의존의 증가, 역내 강대국으로서 중국의 영향력이 급증하고 있다. 여기에 '역사인식'을 둘러싼 갈등에서 나타나듯이 중국 민족주의 열기는 한반도를 장기적 동북아 파트너로 간주할 것인지에 대해 명확한 신뢰를 주지 못하고 있다. 문제는 이러한 상태에서 한반도 전체의 대중국 예속성이 경향적으로 심화되고 있다. 북한이 미국의 안전보장에도 불구하고 자체적 요인으로 체제위기에 봉착할 경우, 중국은 기존의 정책을 변경하여 미국과 공조하여 북한 지역을 관리할 가능성도 있다. 심지어 미국이 북한을 공격하는 극단적인 경우에도 북중 간에 체결한 군사동맹의 자동 개입과 미국으로부터의 양보 사이에서 한반도의 현상 타파를 현실로 받아들일 가능성도 있다.

2) 한반도 통일 문제

중국의 한반도 정책은 북한의 정치적·경제적 안정과 국제적 고립의 탈피 → 한반도의 평화와 안정 → 동북아의 평화번영이라는 단계로 이행하기를 바라며, 이 과정에서 북한의 대내외적 자생력 확보를 가장 핵심적인 과제로 인식하고 있다. 또한 한반도 통일과 관련하여 중국의 인식은 매우 이중적이다. 첫째, 통일의 결과가 자국의 국가이익 및 지역의 세력균형에 미칠 영향을 우려하고 이를 반대할 가능성이다. 둘째, 중국의 중단기적 국가이익에 따라 주변 환경의 안정을 과도하게 강조하면서 남북 관계가 평화담론에서 통일담론으로 이동하지 않도록 소극적으로 반대할 가능성이다. 셋째, 우발적으로 일어날 수 있는 통일 과정에서 중국이 자국의 이익에 따라 행동한 결과 통일 과정의 폭력성과 경제적 비용을 지불할 가능성이다. 따라서 중국은 '통일을 바라지도 혼란을 바라지도 않거나'(不統不亂) '뜨겁지도 차갑지도 않은'(不熱不冷) 상태를 유지해 나갈 가능성이 크다. 왜냐하면 강력한 통일한국의 출현은 한반도 카드의 효용성을 잃게 될 뿐 아니라, 통일한국이 미국의 영향력 속에 편입되어 미중 양국이 국경을 마주하여 대치하는 상황을 우려하기 때문이다. 따라서 중국은 북한 핵 보유 자체의 위험보다는 북한 체제의 예기치 않은 사태 발전에 따른 전략적 완충지대 상실을 염려한다고 할 수 있다.[18]

중국은 향후 한반도의 현상 유지 과정과 현상 타파 과정 어느 상황에도 참여할 수 있도록 영향력을 확보하는 데 주력하는 한편, 남북한 모두를 자극하지 않으면서 한반도 전체를 중국의 전략 구도 속에 편입시키는 전략을 구사할 것이다. 따라서 중국은 국가이익이 침해받지 않는 한, 주변 강대국과 함께 한반도의 '평화로운 분단'(peaceful division) 상태를 유지하고자 할 것이다. 북한 문제와 관련해서도 '북한 핵 폐기를 바라지만 한반도 통일은 원하지 않는다'는 시각이 내부적으로 확산되고 있다.

여기에는 몇 가지 배경이 있다(이희옥 2004a, 40-42). 첫째, 강력한 통일한국이 중국 국경에 등장할 경우, 중국 내 조선족들에게 부정적 영향을 줄 수 있으

---

18 한중수교 공동성명 5조에는 한반도 통일 원칙이 "한민족에 의해 평화적으로 통일"된다는 것을 전제하고 이후 고위 지도자들의 언급에 비추어 볼 때, 중국은 한반도 통일을 지지하고 있다. 그러나 "평화적·자주적·단계적"이라는 조건을 충족하지 않을 때에도 통일한국을 지지한다는 것을 의미하는 것은 아니다. 따라서 중국은 어떤 통일인가에 따라, 중국의 국가이익을 고려하면서 찬반을 달리할 수 있다.

며, 한반도를 통해 미국과 일본문제 등을 활용해 온 카드의 하나를 잃게 된다. 둘째, 현실적으로도 현 단계 통일한국은 남한에 의한 흡수통일이 될 가능성이 크다고 보고 통일 후 체제는 미국의 영향력 속에 편입될 것을 우려한다. 셋째, 중국이 경제 발전과 주변 지역의 안정을 통해 부국강병의 꿈을 실현하기 위해 한반도 통일 과정에 개입하여 미국과 불필요한 마찰을 확대하지 않겠다는 의도이다(Scobell 2002, 282-283).

이와는 반대로 중국은 주변 강대국 중에서 상대적으로 한반도 통일을 우호적이고 긍정적으로 수용할 가능성도 있다.[19] 왜냐하면 우선 한반도와 국경을 접하고 있고 남북한 모두 중국에 대한 우호적인 세력이기 때문이다. 또한 평화체제 구축과 주한미군 유지와 철수라는 카드를 이용하여 미국을 압박할 수 있고, 북미 관계에서 조정자적 역할을 통해 중국의 한반도 정책의 유연성을 배가시킬 수도 있다. 경제적으로도 중국의 개방도가 높은 상태에서 통일 이후, 한국적 자본주의와 시장경제가 중국에 미칠 파급효과도 크지 않고, 오히려 북한 경제난과 탈북자 문제 등이 중국에게 부담이 되고 있다는 점도 중국이 한반도 통일을 부정적으로 볼 이유가 없는 근거이다.

중국은 한반도의 변화가 동북아 세력균형을 본질적으로 변화시킬 것이라고 평가하고 있다. 그러나 역내 역학 관계의 변화가 반드시 플러스 요인일 것인가에 대한 확신이 부족하기 때문에 현상유지를 선호하고 있다. 이렇게 보면 중국은 한반도 통일 자체를 반대하기보다는 통일 과정에서의 불리한 상황을 우려하고 있다고 볼 수 있다. 따라서 통일 과정이 평화적이고 통일의 결과가

---

19 중국은 "냉전 이후 역균형이 없는 집중된 권력은 위험할 뿐 아니라, 자연스럽지도 않다는 데에서 미국의 한반도 정책을 비판하면서 강대국 사이의 독점을 전제한 세력균형에 반대하고 견고한 주권을 보장하는 데에서 출발해야 한다."고 주장했다(Deng 2001). 이는 미국에 비해 지정학적으로 유리한 위치에 있고 외국 군대의 주둔이라는 치명적인 약점이 없는 조건을 활용할 수 있기 때문에 가능한 것이다.

'중립적 평화국가'[20]가 되며, 통일 방식에 있어 한국 주도의 흡수통일이나 무력에 의한 통일에는 반대하는 것이다.[21]

4. 한중 관계의 재구성

1) 남북 관계의 발전

2002년 남북한 정상회담을 통해 교류의 돌파구가 마련되었으나, 노무현 정부 출범 초기 특별검사제 도입과 조문 파동으로 인해 일시적으로 남북 관계의 경색 국면이 나타났다. 그러나 이후 대북포용 정책의 유효성을 재확인했고 '대담한 지원'과 지속적인 북한 설득이 효과를 거두면서 남북 관계가 질적인 변화를 맞이하였다. 특히 동아시아 평화의 주요한 걸림돌이었던 북한 핵 문제가 북한의 핵무기 폐기와 미국의 대북 안전보장을 동시에 해결하는 것에 합의하면서 일단 새로운 전기가 마련되었다. 그동안 미국의 '북한 위협'론과 북한의 '미국 위협'론 사이에서 한국은 불신의 증폭을 제어하고 실제적 위협이 크게 존재하지 않는다는 것을 설득해 왔고 중국도 이러한 구조에 참여해 왔다.

남북 관계의 전개 과정은 향후 우여곡절에도 불구하고 확대되고 심화될 가능성이 있다. 무엇보다 한국의 정치 지형은 권력 교체와 무관하게 남북 관계의 성격 자체를 과거로 되돌리기에는 국내외적 부담이 너무 크다는 점이다.

---

20 이러한 중립적 평화국가는 중국 대외 전략의 핵심인 동북아 다국화 발전에 유리한 것으로 평가하고 있다(陳峰君 2002, 291).
21 이에 대한 간략한 개괄은 조영남(2006, 260-261) 참고.

2005년 9·19 공동성명과 2·13 합의에 대해 남한의 보수 진영과 진보 진영 모두 환영 성명을 발표했던 것도 이러한 한국 정치의 현실을 반영하고 있다. 만약 남북 관계의 경색이라는 '역류'가 나타난다면 한중 관계도 이러한 변수에 영향을 받으면서 제약되는 국면이 초래될 것이다. 남북 관계의 악화는 한중 관계를 제약하면서 한미일동맹 체제를 강화하고자 하는 유혹에 직면하고 이것이 다시 한중 관계와 남북 관계를 어렵게 하여 '악화가 양화를 구축하는 국면'이 나타나게 될 것이다. 이것은 어렵게 형성된 한국 외교의 자주적 입지를 축소시켜 한반도 문제의 국제화를 다시 초래하게 될 것이다.

2) 한반도 통일 과정의 성격

한반도 통일 과정은 한중 관계에 새로운 협력과 경쟁이 나타날 가능성이 있다. 첫째, 미국의 강력한 안보우산 속에서 사실상 흡수통일이 진행될 경우, 중국은 이러한 통일 과정을 지연시키고 반발하게 될 것이며, 이것은 한중 관계의 악화를 가져올 것이다. 둘째, 중미 간의 일정한 양보와 협력의 과정을 거쳐 통일 과정에 적절한 지분을 가지고 참여하는 경우이다. 중국이 이런 상황을 수용하면 한중 관계는 현상을 유지할 수 있을 것이다. 마지막으로 중국이 한반도 통일의 촉진자가 되어 적극적인 행위자가 되는 경우이다. 이때 중국은 통일현상을 '있는 그대로' 수용하는 것은 물론이고 이 흐름을 역류시키는 이익보다는 편승하는 이익이 크다고 판단하는 것이다. 따라서 한반도 통일 문제에서 중국과 미국의 국가이익의 조정, 한중 관계의 이익과 한미 관계 사이의 대차대조표를 만들 필요가 있다.

실제로 남북 관계 개선이라는 내부의 요인으로 실질적으로 통일 과정에 접어들 경우 중국은 소극적 자세에서 적극적 자세로 전환하면서 한반도 통일의 우호 세력으로 등장할 가능성도 크다(Kim 2001a, 404-405). 왜냐하면 한반도 통일에서 중국이 적극적 역할을 할 것이라는 견해는 남한 주도의 통일정부가 장기적으로는 지정학적으로 중국에 경사될 가능성이 많기 때문에 북한 붕괴가 중국의 국가이익에 반드시 손해가 아니고 일본과의 지역 패권 경쟁이나 세계적 차원의 경쟁에서 통일한국이 매우 중요한 관문 역할을 할 수 있을 것으로 판단할 수 있다. 이것은 중국이 북한에 대한 후원자적 역할에 부담을 느끼고 변화를 도모할 수 있는 가능성과 연계할 수 있다(International Crisis Group 2006, i-ii).

3) 북중 관계의 변화

북한과 중국은 1,400km에 달하는 국경, 한국전쟁에서의 협력, 중국의 유일한 군사동맹국가, 사회주의 이데올로기의 공유, 지정학적 세력균형의 고려, 미국에 대한 양면적 시각을 유지해 왔다(Scobell 2004, 1). 특히 중국의 개혁개방 이후 중국공산당과 조선노동당은 새로운 형태의 '당 대 당' 관계를 구축하였다. '당 대 당' 관계란 중국공산당이 조선노동당과 비정상적으로 밀접한 전통적 유대관계를 다른 나라 정당관계와 유사한 수준의 일반적 관계로 변화시키는 것을 의미한다. 이것은 중국과 북한이 선린우호 동반자관계를 발전시켜 나간다는 것이며, 정당관계뿐 아니라 국가 관계의 변화도 의미한다. 실제로 북한과 중국 관계는 개혁개방 이후 심각한 관계 변화를 거쳤다. 그동안 하나의 역량으로 미국과 소련에 대항하고 절반의 역량으로 부분적 위협에 대항한다는 대외 전략인 '2와 1/2'전략을 평화공존, 상호협력 및 공동 발전 전략으로 변경했으나 북한이 냉전의 유산으로부터 벗어나지 못하고 미국과의 대결을 지속함으로써 공동의 목표가 사라지게 되었다(자오후지 2004, 226-230). 특히, 1990

년대 이후에는 중국과 북한의 혁명 1세대들이 정치무대에서 대거 퇴진하면서 동맹 관계를 유지해 왔던 양국 엘리트 집단의 감정적 유대도 약화되어 갔다. 따라서 남북 관계와 북미 관계에서 '적대적 공존' 게임이 나타날 경우의 북중 관계와, 현재와 같이 남북 관계나 북미 관계의 개선의 징후가 보일 경우의 북중 관계는 그 성격을 달리하게 될 것이다. 이것은 중국이 남북한 모두에게 영향력을 확보하면서 한반도에서의 이익을 관철한다는 기존의 정착 구도가 약화된다는 것을 의미한다.[22]

4) 미중 관계의 변화

미국은 기본적으로 중국을 잠재적인 적으로 간주하고 있다. 민주당이나 공화당의 부분적인 정책 차이에도 불구하고 중국 위협론에 기초한 중국 견제 전략은 유사하다. 이것은 세계적 차원에서 미국이 중국을 견제하는 것은 변수가 아니라 상수라는 것을 의미한다. 물론 현재의 미중 관계는 안정적이고 주요한 국제 문제에 대한 협력도 이루어지고 있으나, 중국의 대미 무역 흑자, 에너지와 자원을 확보하기 위한 중국 기업의 미국 기업 인수 문제, 군사력 증강에 따른 동아시아 안보 균형의 위협, 중러 간 합동군사훈련, 타이완 문제 등 여전히 인화성이 강한 요인도 존재한다. 문제는 미중 관계의 안정을 전제로 하여 중국이 방어적 현실주의를 추구함에도 불구하고, 타이완 독립 문제, 티베트 독립 문제와 같은 주권 문제에서 첨예하게 대립할 경우 미중 관계의 악화는 불가피할 것이다.

---

22 이런 점에서 북중 관계의 균열을 전제로 한 다양한 북한 급변 사태에 대한 논의가 나타나고 있다. 예를 들어 International Crisis Group(2006) 참조.

    이때 한국의 외교적 입지는 매우 어려운 상태에 놓이게 될 것이다. 예컨대 '전략적 유연성'에 합의하면서 한국은 동북아 분쟁에 스스로 개입하지 않겠다고 천명했으나, 이라크 파병의 경우와 같이 '힘의 정치'가 관철되는 국제질서에서 이러한 입장을 일관되게 유지하기는 어려울 것이다. 미국은 한국을 중국 견제의 틀이나 미일안보동맹에 우호적 세력으로 편입하는 데 주력할 것이고, 중국도 북한카드와 심화되는 한중 간 경제의존도를 활용하여 한국을 최소한 중립화하기 위한 외교적 노력을 기울이게 될 것이다. 이것은 한국의 정책적 입지를 넓힐 수도 좁힐 수도 있는 결과를 초래할 것이다. 왜냐하면 미중 관계가 악화될 경우 한미동맹을 강화하면 중국의 다양한 압력과 국내 사회세력의 강력한 반발에 직면할 것이고, 친중 외교를 강화할 경우 미국으로부터의 강력한 정치적 압력을 받게 될 것이기 때문이다.

    따라서 미중 관계의 변화와 관계없이 한국의 여야 정치를 넘어선 좀 더 높은 수준의 외교 노선을 확립하고 이를 대중으로부터의 환류 과정을 통해 구조화·제도화하려는 노력이 필요하다. 여기에 근거해 한국 외교의 독자성과 미중 관계의 변화에 상대적으로 흔들리지 않는 구조를 구축하는 것이다. 그리고 친중탈미(親中脫美)나 한미동맹 강화론을 넘어 한국의 독자적인 외교 공간을 확보할 수 있는 현실적 조건은 남북 교류를 활성화하여 미중 모두에게 '한반도 카드'나 '북한카드'의 효용성을 반감시킬 수 있을 때 가능한 것이다. 또 하나는 미중 관계가 현실적으로 패권을 둘러싼 체제 경쟁이나 갈등이 나타나지 않을 것이라는 전제에서 이와 관련한 국가 어젠다를 개발하는 것도 시급하다. 그리고 동북아 다자협력에 적극적으로 나아가 이 틀에서 미중이 일방적으로 한반도 문제를 규율하는 것이 아니라 이를 다원화하여 약화시키는 방식이 필요하다. 이를 위해 한국 외교의 다변화는 우선 러시아와 일본 등 주변 강대국과의 적극적인 외교 관계를 복원하거나 확대하는 데에서 출발해야 한다.

5. 소결

중국이 한국을 필요로 하는 이유는 한반도 카드를 통해 미국의 대중국 견제를 약화시키고자 하는 의도, 동아시아에서 우월적 지위를 확보하기 위한 협력과 견인의 대상, 전략적 방벽인 북한 체제를 유지하기 위한 파트너의 필요성이 있다. 여기에 상호 보완성이 높은 한중 경제협력의 필요와 북한 핵 문제 등 현안 해결의 협력 대상자로서도 한국이 설정된다. 한편 한국이 중국을 필요로 하는 이유는 경제적 의존이 심화되면서도 우회로가 없는 상황, 한국이 독자적인 외교 공간을 확보하는 데 중국의 협력이 매우 중요하다는 점, 북한 문제가 남아있는 한 중국과 협력은 불가피하다는 점 등이다.

중국은 우선 국경을 인접한 한반도에 대해서는 국가의 사활적 이해가 걸린 민감 지역으로 인식하고 있다. 따라서 중국은 한반도 상황이나 통일 과정에 순기능적이건 역기능적이건 자기 역할을 수행할 것으로 보인다. 더구나 북한 체제에 예기치 않는 사태가 발전하여 한반도가 미국의 영향력 속에서 작동하는 한반도와 중국이 국경에서 마주하게 되는 상황을 우려하고 있다. 따라서 북한을 완충지대로 설정하여 힘의 공백을 흡수하거나 힘의 균형을 유지할 수 있는 질서로 변경하고자 할 것이다. 다만 한반도가 자기 동력에 의해 스스로 통일 과정을 만들고 중립화의 내용을 담게 될 경우 이를 지지할 가능성이 높다. 한반도 중립화론은 이론적으로는 미국과 중국의 영향력을 배제한 것이지만, 현실적으로 지정학적인 이점이 많은 중국에 유리한 모델이기 때문이다. 따라서 중국은 미국의 멕시코와 같이 한국을 핵심적 영향력(core sphere of influence)이 미치는 범주로 끌어들이고자 할 것이다.

반면, 한국은 현실적으로 중국 활용과 중국 편승의 간극에서 적절하게 전략적 선택을 해야 할 것이다. 특히, 미국의 세계 전략의 중점이 동아시아로 옮겨오고 있고 그 목표는 중국 견제에 있다는 점은 주지의 사실이다. 이러한 점 때문에 미국은 한국이 탈미친중(脫美親中)의 경향이 고착되지 않도록 하는 정책적 노력을 지속할 것이다. 그러나 한미 관계의 재조정은 위로부터의 의지라기보다는 대중의식의 변화에 기반하고 있기 때문에 한국 민족주의 열기에 대한 규범적 평가의 정당성과는 무관하게 이미 되돌릴 수 없는 상황이 되었다. 실제로 한국의 민족주의와 국가주의는 고구려사 왜곡과 미군의 장갑차 사건 등에서 보이듯이 한미 관계와 한중 관계를 모두 변경할 수 있는 폭발력을 지니고 있다. 따라서 한중 관계는 이러한 국내 정치와 대외 환경, 그리고 미중 관계와 한미 관계 모두를 고려하면서 세밀하게 조정해야 하는 과제를 안고 있다.

더욱이 한중 관계는 경제적 상호의존을 심화시키고 중국이 점진적인 민주화에도 불구하고 시장경제와 민주주의의 문제라는 좀 더 근본적인 가치 영역에서의 협력은 제한적일 수밖에 없다. 이런 점에서 한국은 과도한 중국 위협론에 근거한 중국 견제 모델이나 중국에 대한 근거 없는 낙관에 기초한 친중국 모델 사이에서 적절한 위상을 정립해야 하는 과제를 안겨 주고 있다. 그리고 한중 간의 협력이 강화된다는 것은 그만큼 갈등 영역이 다양해지고 복잡해진다는 점에서 사안에 따라 대응, 조정, 적응하는 과정이 반복될 것이다. 특히 한중 간 현안은 마늘파동, 김치파동, 농산물 사건, 고구려사 왜곡 등 대중의 일상생활이나 민감한 정서를 자극하면서 발전할 가능성이 있기 때문에 외교의 '민첩성'과 대중의식과 현실정치의 간극을 좁혀 나가는 지혜가 중요하다고 할 수 있다.

제6장

결 론

　중국의 부상은 단순한 발전의 문제가 아니다. 이것은 공업화·지식·시장·전 지구화·민주화·문명의 전환이라는 다층 전환기에 중국이 생존 공간을 확보하면서 발전하는 것을 의미한다. 이를 위해 추진하는 중국의 방대한 국가대전략은 중국의 부상을 통해 세계 강국, 위대한 중화를 건설하여 '위대한 미래'를 열어가는 데 있다. 이것은 근대 이후 '돈과 총과 명예'를 함께 지닌 근대의 오랜 꿈을 실현하는 것이기도 하다. 그러나 중국의 이러한 꿈이 현실에서 실현되기에는 너무나 많은 난관이 존재하고 있다. 21세기 제국의 아킬레스건인 에너지 부족과 중국의 부상을 우려하는 외부의 따가운 시선, 중국의 부상에도 불구하고 선진국을 추월하기에는 여전히 많은 국내적 모순이 존재하고 있다. 따라서 '국가의 목표'를 수립했기 때문에 그 경로는 신중하면서도 점진적으로 나아갈 가능성이 크다. 중국의 개혁이 '돌다리를 두드려 가면서' 구체적 현실에 접목하면서 성공을 거두었듯이 중국과 같은 대국이 부상하는 길도 이러한 경로를 따라갈 것으로 보인다.

　중국은 이미 국제질서의 여러 행위자의 하나가 아니라, 국제적 규범과 규칙을 변화시킬 수 있는 상당한 영향력을 지닌 국가로 성장했다. 뿐만 아니라 중국은 중국적 길을 추구하고 있다. 중국 사회주의가 전인미답의 길을 걸어가고 있는 것처럼 중국과 같은 대국의 발전 모델도 새로운 역사의 길을 개척하고 있는 중이다. 주권을 존중하고 가치의 다양성에 주목하면서도 근대화를 추구하는 중국적 길은 신자유주의의 물결 앞에서 새롭게 형성되는 제3세계 국가(Global South)에게 하나의 가능성을 열어줄 수도 있을 것이다.[1] 중국은 세계를 향해 '조화'(和諧, Harmony)의 가치를 설파하면서 마르크스주의의 틀에 갇힌 전통적인 사회주의 국가모델은 물론이고 압축 성장에 기초한 동아시아 모델과도 다른 길을 걸어가고 있다. 어떤 점에서는 영미형 발전 모델에 가깝다고 할 수 있지만, 이 모델이 내부의 불균형을 심화시키고 고용 없는 성장을 초래하고 있으며, 지속가능한 발전을 막아 왔다는 점에서 중국 모델에 있어 영미 모델은 거울의 역할이 아니라 '반면교사'가 되는 측면도 있다.

이런 점에서 중국의 국가대전략은 국내 모순을 완화시키면서 사회주의 정체성을 일정하게 확보하는 한편, 2001년 WTO에 가입한 이후 전 지구적 세계경제의 궤도를 돌고 있는 이중적 상황을 조화시키고 돌파하는 새로운 모델을 만들어야 하는 과제에 직면해 있다. 실제로 해외직접투자에 의존한 결과 외자기업이 국내 산업의 연관 관계를 파괴시켜 중국을 국제 하청의 말단에 놓게 하였다. 또한 소비 위축이 발생하는 가운데 과잉투자가 발생하는 투자 일변도의 경제성장 패턴은 소득 격차와 사회적 격차를 낳는 주요한 원인이 되고 있다. 이러한 모순을 해결하기 위해 중국 정부는 지불준비율과 금리 인상, 노동자 보호 강화, 장기 지속 성장을 위한 에너지 보호 정책을 내놓고 있으나 근본적인 방안이 되지 못하고 있다. 중국 무역 흑자의 상당 부분이 핫머니 유입에서 비롯된다는 점까지 고려하면 중국 경제는 허약한 측면이 있고 정부의 운신의 폭도 제한될 수밖에 없다.

---

1 이른바 베이징 컨센서스(共識)는 창신(創新)의 가치, 지속적이고 공평한 발전에 유리한 조건을 제시하는 것, 자주 결정(self-determination)을 포괄하고 있다고 평가한다(黃平·崔之元 2005). 그러나 일부에서는 베이징 컨센서스의 일치된 합의를 부정적으로 평가하고 발전도상국이 전 지구화라는 환경에서 현대화를 추진해 가는 일종의 전략적 선택이라는 점에서 중국 모델의 유용성을 강조하기도 한다. 이에 대해서는 俞可平(2006) 참조.

다른 한편, 지속가능한 성장과 국내 정치사회적 안정을 위해 사회적 양극화를 해소하는 데 정책을 집중하고 있다. 이런 점에서 후진타오 체제가 장쩌민 시기의 유산을 받으면서도 조화사회를 강조하는 것은 정치적 입언(立言)의 전통을 세우는 것이기도 하지만, 국내 문제의 휘발성을 인식하고 있기 때문이다. 따라서 중국의 국내 전략은 적어도 효율과 공평 사이에서 '하나를 얻으면 하나를 잃게 되는 교환(trade off) 관계'라기보다는 양자 사이의 '균형'을 추구하는 방향으로 전환하고 있다(지만수 2005, 116). 특히 2006년 '11차 5개년 규획' 이후 수립되는 중국의 모든 국가전략에는 이러한 문제의식이 담겨 있다.

이러한 중국의 국내적 모순 해결은 대외 전략을 구성하는 데에도 결정적인 영향을 미치고 있다. 이러한 이유 때문에 지도적 군사력, 전 지구적 문화 전파력, 세계적 정치 영향력을 가지고 있다고 하더라도 여전히 전면적 강국(complete power or comprehensive power)의 잠재력을 가진 수준으로 평가할 수밖에 없다(Yoichi, Michael and Heinrich 1994, 2). 특히 미국과의 종합 국력 비대칭성은 2020년까지도 근본적으로 해소되기 어렵다는 점에서 여전히 2류 국가(second rank power)라고 할 수 있다(Segal 1999, 24-36). 이것은 중국의 부상에도 불구하고 세계 정치에 미치는 영향력은 사안별로 제한적일 수밖에 없을 것이라는 점을 의미한다. 이런 이유 때문에 중국은 자국의 모델을 구축해 나가면서도 대외적으로는 수동적이거나 방어적인 현실주의(reactive or defensive realism)를 취할 가능성이 크다. 그러나 전 지구적 영향력이 한계가 있음에도 불구하고 세계 강국의 꿈을 간직하고 있으며, 이를 효과적으로 달성하기 위해 중국의 부상에 부합하는 거점을 모색하고 있다. 그것은 지역 우선(regional primacy) 정책으로 나타난다. 더구나 중국에서 사회주의의 이념적 공백에 따라 결과적으로 국가의 정체성을 아시아적 국가(Asian State)로 세련화하는 데 더욱 적극적이다(Dittmer 2006, 102).

이러한 중국의 부상과 이것이 초래할 미래 중국에 대한 평가는 매우 다양하다.[2] 무엇보다 비관론과 낙관론이 공존하고 있다. 즉 중국이 향후 20년 내에 하나의 거대한 제국으로 성장할 것이라는 희망 섞인 예측이 있는 반면, 21세기 제국으로 가는 요소를 만족시키지 못한 채, 경착륙이나 장기 착륙(long landing)의 가능성을 예측하는 시각도 있다(이희옥 2005c). 이러한 견해를 대별해 보면, '성공의 아이러니'가 나타나는 혼란스러운 중국(Chaotic China), 이성이 승리하는 협력적 중국(Cooperative China), 힘에 의존하는 호전적 중국(Assertive China)으로 대별할 수 있다(Swain & Tellis 2003, 182-229).

미래 중국에 대한 낙관론은 중국 당정이 문제 해결 능력을 가지고 있고 무엇보다 중국의 대국 부상은 이미 현실이 되었다는 데에 근거한다. 또한 이미 설정한 국가전략의 시간표에 놓인 지표들을 대체적으로 만족시키면서 발전해 왔다는 점에서 미래에 대한 예측 가능성을 높여 주고 있다. 2006년 말 현재 '제10차 5개년 계획'(2001~2005)에 제시한 지표를 조기에 초과 달성했고, 제11차 5개년 규획(2006~2010)의 지표들도 이미 목표점에 도달한 분야가 나타나고 있다. 실제로 2020년 중국이 목표로 하는 1인당 GDP 3천 달러는 2006년 말 현재 2천 달러에 달했다. 따라서 권력 계승의 위기와 같은 돌발적 변수가 없는 한 2020년에는 약 5천 달러에 육박할 수도 있을 것이다. 또한 중국은 대국 경제를 운영하고 있음에도 불구하고 '몸의 민첩성'이 있고 정치 이데올로기와 체제를 비교적 탄력적으로 운용하고 있다. 예컨대 9·11사건 이후 안정적인 에너지 수급이 지속가능한 발전과 안보에 결정적으로 작용할 것으로 보고 중국 지도부가 신속하고도 체계적으로 자원을 보유한 제3세계 외교를 나선 사례가 이를 반증한다. 이런 점에서 중국 사회에서 불안정이 나타난다 해도 이것은 안정적 불안(stable unrest)이라고 볼 수도 있다(Shambaugh 2000).

----

2 중국의 국가전략과 중국의 미래에 대한 외부의 평가를 중국이 재평가한 것으로는 張建華(2003, 3-19), 上海福卡經濟豫測硏究所(2004, 14-22)를 참고.

　이와는 반대로 중국 비관론은 중국이 국내적으로 다양한 병목구간에 봉착해 있고 경제적 기초가 낙후되어 있다는 데서 출발하고 있다. 중국의 성장을 보여 주는 화려한 지표의 이면에는 중앙과 지방의 통계상의 불일치가 있음을 지적하면서 잠복했던 거품들이 일제히 나타나 중장기적으로 중국 경제가 위험에 빠질 것이라는 견해도 상존해 있다. 여기에 사회적 불평등이 야기한 사회문제가 동시에 분출될 가능성이 있다. 특히 도시는 하나의 화약고가 되고 외자는 감소되며 무역 동반자들과의 무역마찰이 확대되는 상황도 예상할 수 있다(世界銀行 1997, 98). 좀 더 구체적으로 보면 첫째, 중국이 거품경제가 나타나 시장에서의 역할도 체감되며 외자도 감소하고 무역마찰도 증가할 것이다. 둘째, 부진한 개혁과 불평등이 악성 순환 구조를 가져다 줄 것이다. 셋째, 농촌 지역의 극도의 빈곤이 가중될 것이고 이것이 도시 빈곤에도 영향을 줄 것이다. 넷째, 도농간·지역간·계층간 차이가 확대되어 낙후된 성에서는 빈곤 퇴치가 더욱 어려워질 것이다. 다섯째, 빈곤층이 도시로 몰려들면서 도시는 자기 역할을 다하지 못하는 화약고가 될 것이며, 외자도 감소하고 무역마찰도 증가할 것이다.

　또 하나는 낙관과 비관이 섞여 있는 절충론이다. 즉 중국이 각종 사회적 불만을 해소하고 위기를 유예할 수 있었던 요인은 '구조적' 위기를 극복할 수 있는 국가전략을 효과적으로 입안하고 추진해 나가는 국가능력이 있었기 때문이라고 본다. 그러나 중국은 경제 발전과 정치 발전을 조화롭게 발전시키지 못한 채, '정치 좌경 경제 우경'이라는 기조를 유지해 왔고 그 결과 경제성장에 필요한 당내 민주주의만 제한적으로 확대했다. 그러나 이러한 정치 발전의 방식이 확대된 사회공간에서도 효율적으로 작동되기는 어렵다. 특히 효율과 시장을 중심으로 총량 성장 방식을 추진하는 과정에서 체제 안전판이었던 단위 체제(work unit system)가 대부분 해체되었고 이를 통해 당정 이데올로기를 주입하고 주민에 대한 정치적 통제를 가능케 했던 시스템도 현저히 약화되었다.

여기에 인터넷 공간이 확대되면서 체제를 위협할 수 있는 여과되지 않은 정보의 유통과 종교조직의 발전 등은 단일국가를 체계적으로 운영하는 어려움을 가중시키고 있다. 따라서 경제성장이 둔화되거나 침체기로 접어들 경우 각종 사회적 위기가 동시에 돌출하면서 정치불안을 야기할 수 있다. 심지어 개혁의 속도와 폭을 넘어서 중국 사회주의 존재 방식을 놓고 권력 내부의 노선 갈등의 가능성도 배제하기 어렵다.[3]

이러한 미래 중국에 대한 상반된 견해는 향후 10년간 위기 관리의 성과를 계기로 좀 더 명확해질 것이다. 이런 점에서 11차 5개년 규획 시기, 후진타오 2기 체제의 정치적 성과가 중장기적 중국 정치를 예측하는 매우 중요한 바로미터가 될 수 있을 것이다. 우선 2008년 올림픽과 2010년 상하이 엑스포라는 국면을 거치면서 국가적 이벤트에 대한 성공적 관리는 체제의 자신감을 강화하면서 좀 더 적극적인 강대국화로 나아가게 할 것이다. 그러나 다른 한편 여전히 업적을 통한 정당화(performance legitimacy)에 주력하면서 다른 다양한 국가적 과제 해결을 유예할 경우, '포스트 올림픽' 시기에는 그동안 억제되었던 다양한 병목들이 거품경제에 착종되면서 정치체제의 안정을 위협하게 될 것이다. 특히 고용 없는 성장을 통해 배출된 도시 실업자들이 중심이 된 노동운동과 농촌의 토지 수용을 둘러싼 크고 작은 집단 항의 시위는 위기의 도화선이 될 가능성이 크다.

물론, 중국의 발전 전략의 길에 놓인 병목현상이 곧바로 중국 체제의 폭발이나 붕괴를 의미하는 것이 아니라 중국 사회가 위험과 기회의 십자로에 서있

---

3 현재 중국의 경우 성장파와 민족파 사이의 논쟁이 여전히 지속되고 있다. 여전히 주룽지 체제의 이론적 세례를 받은 성장파들이 여전히 담론과 정책을 주도하고 있으나 그 영향력은 전례 없이 약화되고 있는 것으로 보인다. 중국 국무원 산하 산업정책연구소의 책임자와의 비공개 세미나(베이징 2005/08/17).

다는 것을 의미한다. 2012년 이후 등장할 제5세대 지도부는 이러한 선택의 십자로에 놓이게 될 가능성이 많다. 왜냐하면 건국 이전에 출생한 세대가 정치 일선에서 물러나면서 권력 우산이 취약한 가운데 전혀 새로운 정치적 실험을 해야 할 것이기 때문이다. 이 무렵에는 이론적 백화제방이 도래하고 '민주주의 확대'와 '사회주의 존재 방식'을 문제삼아야 하는 좀 더 본질적인 논의가 나타날 것이기 때문이다.

중국의 국가전략과 관련해 또 하나 검토할 필요가 있는 것은 중국이 어떤 사회를 지향하는가 하는 청사진이 뚜렷하지 않다는 점이다. 예컨대 2020년, 2050년에 등장할 중국 사회가 양적인 경제성장을 넘어 질적인 성장을 이루고 대중의 삶의 질이 본질적으로 개선될 수 있을 것인가 하는 점이다. 그리고 국가대전략을 추진하는 주체가 여전히 중국공산당이 될 것인가 하는 점이다. 물론 중국은 집권당으로서 공산당의 변화를 시도하면서도 당의 지배를 버리지는 않을 것이다. 중국에 있어 공산당의 지도는 중국의 근본 이익이고 현대화 건설에 필요하다고 보고 있다. 따라서 당의 지도라는 위상은 강화되지는 않을지라도 약화되지는 않을 것으로 보인다.[4] 이것은 시장과 민주주의에 기초해 발전한 일반적이고 보편적인 경로와 사회주의에 시장을 도입해 사회주의적 전망을 만들어 낼 수 있다는 것 사이의 투쟁이 될 것이다.

중국의 이러한 전략과 대국 부상은 한반도에도 심대한 영향을 주게 될 것이다. 중국의 부상과 대전략은 한국에게 협력과 경쟁, 위협과 기회를 동시에 제공한다. 우리의 대중국 전략은 떠오르는 새로운 제국, 중국과 어떻게 공존할 것인가 하는 점이다. 그동안 한국이 중국과 정치적 마찰을 줄일 수 있었던 것은 중국의 대전략이 경제우선주의, 방어적 현실주의에 기초하여 지역 안정

---

4 張春貴, "面向二十一世紀的中國共産黨"의 글을 石田 收(2006, 38-42)에서 재인용.

을 추구해 왔고 미국과 협력하는 신중한 자세를 취해 왔으며, 그 기조가 한반도 정책에 널리 투영되어 왔기 때문이다. 이것은 다시 말하면 미중 관계의 악화가 한중 관계에도 직접적인 영향을 미치게 될 것이며, 한국 외교의 반경도 그만큼 좁아진다는 것을 의미한다. 이를 위해서는 중미 간, 중일 간 균열대(fault line)를 좁히는 한국의 노력이 매우 중요하고도 시급하다. 더구나 동아시아에서 이러한 균열대의 확대는 한국 스스로 동아시아의 지형도를 설계하는 것을 점점 어렵게 하고 자주적인 외교지형의 공간을 더욱 위축시킬 것이기 때문이다.

일반적으로 어느 국가에 대한 위협(Threat)은 의도(Intend)와 능력(Capability)의 곱셈(T=C×I)으로 나타낸다. 다시 말해 의도와 능력의 어느 한쪽이 '0'이 될 경우 위협이 성립되지 않는다는 것을 의미한다. 중국은 미국의 멕시코와 같이 핵심적인 영향력이 미치는 범위로 한반도를 상정하고 있다. 따라서 '한반도 분단 현상' 자체를 바꾸어야 한다는 의도가 크게 작용하지 않을 것이다. 그리고 비록 중국의 의도가 있었다고 하더라도 한국으로서는 이에 대처할 효율적인 정책 수단이 없다는 점에서 중국 위협은 새로운 변수가 아니라 상수라고 할 수 있다. 오히려 중국의 군사적·경제적 위협보다는 중국 경제의 연착륙 실패나 성공의 역설(irony of sucess)이 한국에게 치명적 '위협'이 될 수 있다는 점을 말해 준다.

즉, 중국 경제는 지속적으로 성장할 수 있으나 노동 집약적, 자원 소모적 성장 방식은 이미 한계를 드러내고 있다. 실제로 초국적 기업 중심으로 중국 경제가 재편되면서 성장의 질을 채워 나가지 못하고 있고 중국의 국내 민간 자본은 투자처를 찾지 못해 부동산 등에 투기하는 양상이 나타나고 있으며, 이러한 거품경제가 정치사회적 위기와 맞물리면서 경착륙할 가능성도 있다. 이 경우 대중국 의존도가 높은 한국은 심각한 딜레마에 빠지게 될 것이다. 따라서 이러한 중국 위험에 대한 관리가 한국발 중국 위협론으로 재구성되어야 할 것이다.

그러나 중국의 부상과 변화 그리고 위험에도 불구하고 총체적이고도 중장기적인 한국판 대전략(Grand strategy)이 없었다. 노무현 정부 시기 추진되었던 '동북아 균형자론'은 이러한 대전략의 일환으로 추진되었으나 이론적 공론화와 국민적 합의를 얻는 데 실패했다. 그리고 그 실패는 결과적으로 우리사회에서 미국에 대한 중요성을 다시 환기시켜 주었고 외교 전략의 보수화로 전환할 수 있는 가능성을 열어 주었다, 따라서 대중국 전략에서 한미 관계, 미중 관계, 남북 관계, 동북아 다자협력을 동시에 고려하면서 풀어갈 수 있는 전략적 고려가 필요하다. 이것은 중국과 미국이라는 이분법적 도식을 넘어서 한국 외교의 새로운 혁신과 도전을 요구하는 것이기도 하다.

현재 현안이 되고 있는 한중 FTA 전략도 경제적 손익만을 고려하면 한국의 입장에서는 현상유지가 나쁜 정책은 아니다. 그러나 이러한 정책을 관철하는 것이 현실적으로 어렵다면 한미 FTA 협상을 반면교사로 삼아 최단기간에 타결할 수 있는 사전준비 및 합의, 협상안, 리더십이 뒷받침될 필요가 있다. 왜냐하면 한중 FTA에는 다국적 기업의 우회 개방의 위험, 한국 경제의 대중국 의존도 심화, 농업의 완전한 파괴 등 심각한 문제들이 잠복해 있기 때문이다. 특히 중국이 한중 FTA 체결을 적극적으로 요구하는 것은 시장 확보라는 경제적 목표 이외에도 한반도 관리의 정치경제적 비용 감소나 동아시아에서 역내 영향력을 강화하는 차원, 한미 FTA 이후 미국의 대중국 봉쇄축의 약화라는 전략적 고려가 동시에 깔려 있다. 따라서 중국의 전략적 고려를 섬세하게 읽는 한편 국내 이해관계자들을 설득할 수 있는 공간을 확보하는 것이 필요하다.

또한 한중 관계에서 고대사 문제는 이미 정치화되었다. 그 결과 한중 관계가 악화되면 이 문제는 표면 위로 불거져 나오는 속성이 있다. 그러나 양국 모두 민족주의 열기에 올라타면서 이성적인 소통공간을 봉쇄하고 복잡한 역사 문제를 단순하게 정치화시키는 우를 범해서는 안 된다는 점이다. 물론 2007년 동북공정 사업은 종료되었지만, 그 여진은 지속될 것이다. 이 문제는 장기적으로는 한국사 왜곡의 틀을 지니고 있는 중국의 역사교육표준 등을 바꾸기 위한 한중 간 공동 연구를 시작하는 데에서 출발하여 동아시아 공동의 역사인식을 훈련하는 노력이 필요할 것이다. 역사 문제는 문제 해결보다는 문제 예방이 비용을 줄일 수 있는 첩경이라는 것을 그동안의 경험이 말해 주고 있다.

마지막으로 한국의 대중국 전략은 동북아 다자안보 협력의 틀 속에서 제도화할 필요가 있다. 미국과 중국 그리고 러시아가 핵을 보유하고 있고 통일 한국의 경제력이 중국과 일본의 경제 규모를 중단기적으로 넘어설 가능성이 없으며 한국도 중장기적으로 미국의 영향력을 근본적으로 변경하기 어렵다. 따라서 지역 내 행위자들이 새로운 세력균형을 예측할 때까지는 경쟁과 갈등이 복잡하게 전개될 것이다. 물론 지리적 인접성과 경제적 의존도가 높은 한중 양국은 쌍무관계를 통해 개별 국가들의 이해를 진전시킬 수 있는 장점이 있지만, 중장기적으로는 불확실성을 내포하고 있다.

따라서 이러한 질서 변화에 따라 한반도 통일과 그 이후의 동아시아 질서, 특히 유럽연합과 같은 초국가구조(superstructure) 형성을 염두에 둔 안보·경제·환경·인간을 망라하는 포괄적 다자협의의 틀을 구축할 필요가 있다. 이것은 미국 주도의 경제 질서가 동아시아 각국의 안정적 발전을 보장하지 못하는 조건에서 동아시아의 지역협력을 이룰 수 있으며, 중국 경제의 성장 효과를 동아시아 경제협력 체제에서 흡수할 수 있는 조건을 마련하는 것이기도 하다. 뿐만 아니라 한반도의 긴장 완화와 평화체제의 구축은 북한에 대한 해외직접투자를 유인할 수 있는 조건이기도 하다. 한편, 남북한의 비교우위에 기초한 남북경제권을 가시화하여 동아시아 경제권으로 동심원적으로 확대하면서 '서로가 서로를 구속할 수 있는 상태'로 만들어 나가면서 평화체제를 공고화할 수도 있다. 타이완과 중국이 정치 관계가 지체되면서도 불구하고 타이완 자본과 중국 자본의 결속을 통해 경제적 상호의존을 심화시키는 한편, 민간 교류를

폭발적으로 확대하여 분단관리라는 방식을 통해 사실상(de facto)의 통일 과정
에 접어들고 있는 과정도 참고할 필요가 있다.

폭발적으로 확대하여 분단관리라는 방식을 통해 사실상(de facto)의 통일 과정
에 접어들고 있는 과정도 참고할 필요가 있다.

참고문헌

강택민. 2002. "초요사회를 전면적으로 건설하여 중국특색이 있는 사회주의 사업의 새로운 국면을 열어나가자."『16차당대회 보고: 보도독본』(북경: 민족출판사).

국가안전보장회의. 2004.『평화번영과 국가안보』. 국가안전보장회의.

박종철 외. 2007.『2020 선진한국의 국가전략(Ⅱ): 경제전략』. 통일연구원.

서진영. 2006.『21세기 중국 외교정책』. 폴리테이아.

외교안보연구원. 2003.『중장기 외교환경변화와 한국외교의 과제』. 외교안보연구원.

유석진·백창재 외. 2005. "중국의 지속 성장은 가능한가: 대내외 제약과 중국의 대응" (미출간 원고).

이근·김병국. 2007.『2020 중국리스크 : 중국경제 중장기 예측과 리스크 분석』. 동아시아연구원.

이남주. 2002. "중국 WTO가입의 정치논리." 이일영 외.『WTO로 가는 중국: 변화와 지속』. 박영률출판사.

이상현 외. 2005.『한국의 국가전략 2020: 외교안보』. 세종연구소.

이장규·이인구·여지나·조현준. 2006.『중국의 FTA 추진전략과 정책적 시사점』(연구보고서 06-11). 대외경제정책연구원.

이태환 편. 2005.『한국의 국가전략』. 세종연구소.

이희옥. 2003a. "신냉전적 동아시아 질서와 한반도 통일문제." 송주명 외『21세기 새로운 동아시아 질서와 한반도』. 한신대학교 출판부.

______. 2003b. "3개대표론과 중국사회주의의 변화."『중국학연구』26집.

______. 2004a. "한반도 문제와 중국역할: 의미와 한계."『한국과 국제정치』제20권 2호.

______. 2004b.『중국의 새로운 사회주의의 탐색』. 창비.

______. 2005a. "중국의 국가전략." 이수훈 외.『동북아시대의 중국』. 아르케.

______. 2005b. "중국 지속성장의 한계: 정치사회적 병목을 중심으로."『한국사회과학』(서울대사회과학연구원) 제2호.

______. 2005c. "동북공정 추진실태와 참여기구 실태." 이개석 외『동북공정과 중화주의』. 고구려연구재단.

______. 2006. "동아시아와 한중 관계."『동아시아시대 새로운 외교지형의 구축』. 경기개발연구원.

______. 2007. "선전특구모델의 한계와 새로운 도시발전전략에 대한 연구."『중국학연구』40집.

자오후지. 2004. "중북관계의 변천과 향후전망."『전략연구』제32호.

전경만 외. 2004.『중장기 안보비전과 한국형 국방전력』. 한국국방연구원.

정재호 편. 2006. 『중국의 강대국화』. 도서출판 길.

조영남. 2006. 『후진타오시대의 중국정치』. 나남.

지만수. 2005. "중국의 경제전략." 『한국과 국제정치』 제21권 1호.

쩡삐젠 저·이희옥 역. 2007. 『중국 평화 부상의 새로운 길』. 한신대 출판부.

Clausewitz, Carl von. 1978. 『戰爭論』. 北京: 商務印書館.

Dilrlk, Arif (王寧 譯). 2003. 『跨國資本時代的後植民批評』. 北京: 北京大學出版社.

Jomini, Antonie Henri(劉聰 譯). 1986. 『戰爭藝術槪論』. 北京: 解放軍出版社.

Keohane, Robert O. and Joshph Nye(門洪華 譯). 2002. 『權力與相互依賴』. 北京: 北京大學出版社.

Mearsheimer, John J. (王義桅·唐小松 譯). 2003. 『大國政治的悲劇』. 上海: 人民出版社.

江西元·夏立平. 2004. 『中國和平崛起』. 北京: 中國社會科學出版社.

江迅. 2006. "中朝聯合開發石油新突破: 中國與朝鮮關係臨著新時期新形勢新水平." 『亞州週刊』.

江澤民. 2002a. 『全面建設小康社會. 開創中國特色社會主義社會新局面』. 北京: 人民出版社.

______. 2002b. 『在中國共産黨第十六次全國代表大會上的報告』. 北京: 人民出版社.

郭培章. 2004. 『中國城市可持續發展硏究』. 北京: 經濟科學出版社.

仇保興. 2004. 『中國城鎭化: 機遇與挑戰』. 北京: 建築工業出版社.

國家改委宏觀經濟硏究院課題組. 2004. "全面建設小康社會的目標和任務"(上/下). 『經濟硏究參考』. 北京: 經濟硏究參考雜志社.

國家經濟貿易委員會行業規劃司 編. 2003. 『我國走新型工業化道路硏究』. 北京: 機械工業出版社.

國家統計局 編. 2007. 『2007 中國統計摘要』. 北京: 中國統計出版社.

國務院發展硏究中心 新型工業化道路硏究課題組. 2003. "推進'以人爲'的僞新型工業化." www.drenet.com.cn(검색일: 20/12/11).

金哲 外. 2005. 『朝鮮投資指南』. 大連: 大連出版社.

盧國學. 2004. "一波三折的朝美核爭端." 李愼明·王逸舟 編. 『2004年: 全球政治與安全報告』. 北京: 社會科學文獻出版社.

紐先鍾. 2003. 『孫子三論』. 廣西師範大學出版社.

唐世平. 2003. 『塑造中國的理想安全環境』. 北京: 中國社會科學出版社.

唐世平·張蘊岑. 2007. "中國的地區戰略." 牛軍. 『中國學者看世界: 中國外交』. 北京: 新世界出版社.

劉傳江·鄭凌雲. 2004. 『城鎭化與城鄉可持續發展』. 北京: 科學出版社.

李成勳. 1997. 『1996~2050中國經濟社會發展戰略: 走向現代化的構想』. 北京: 北京出版社.

林佳龍. 2004. 『未來中國: 退化的極權主義』. 台北: 時報文化出版社.

馬漢. 1997. 『海權論』. 中國言實出版社.

馬洪·王夢奎. 2005. 『中國發展研究(2005)』. 北京: 中國發展出版社.

孟慶義·趙文靜·劉會清. 2006. 『朝鮮半島: 問題與出路』. 北京: 人民出版社.

茅原都生. 2005. 『中國は何處に向かう』. 東京: 蒼蒼社.

門洪華. 2004. 『中國: 大國崛起』. 杭州: 浙江人民出版社.

______. 2005. 『構建中國大戰略的框架』. 北京: 北京大學出版社.

房寧 外. 1999. 『中國之路』. 北京: 中國社會科學出版社.

龐中英. 2003. "世界國家與正常國家." 『世界. 美國和中國: 新世紀國際關係和國際戰略理論探索』. 北京: 清華大學出版社.

______. 2004a. "五個H和一個W: 關於中國'和平崛起'的基本問題." 『世界知識』 4月.

______. 2004b. 『中國與亞洲: 觀察. 研究. 評論』. 上海: 上海社會科學院出版社.

北京國際城市發展研究院. 2005a. 『中國城市十一五核心問題研究報告(上)』. 北京: 中國時代經濟出版社.

______. 2005b. 『中國城市十一五核心問題研究報告(下)』. 北京: 中國時代經濟出版社.

北京外國問題研究會. 2006. 『亞洲區域合作路線圖』. 北京: 時事出版社.

上海福卡經濟豫測研究所. 2004. 『中國究竟在哪裏?』. 上海: 學林出版社.

上海辭書出版社. 1999. 『辭海』. 上海: 上海辭書出版社.

石康. 2004. "十五時期經濟社會發展特點分析," www.amr.gov.cn/macromeconomic/index.jsp (검색일: 04/11/26).

石田收. 2006. 『中國の大戰略』. 東京: 光人社.

世界銀行. 1997. 『2020年的中國』. 北京: 財政經濟出版社.

蘇惠民. 2007. "大國戰略與大國關係." 金燦榮 編. 『中國學者看世界(大國戰略卷)』. 北京: 新世界出版社.

孫承. 2003. "第2次朝核危機." 『國際問題研究』 3期.

孫寬平. 2003. "經濟全球化與中國的經濟發展." 李惠斌. 『全球化: 中國道路』. 北京: 社會科學文獻出版社.

孫立平. 2004. 『斷裂: 20世紀90年代以來的新中國社會』. 北京: 社會科學文獻出版社.

施愛國. 2004. 『傲慢與偏見:東方主義與美國的'中國威脅論'研究』. 廣州: 中山大學出版社.

時殷弘·宋德星. 2007. "21世紀前期中國國際心態.外交哲學和根本戰略思考." 牛軍 編. 『中國學者看世界: 中國外交』. 北京: 新世界出版社.

時殷弘. 1995. 『國際政治的世紀規律及其對中國的啟示』 2期.

______. 2001. "風物長宜放眼量: 論中國應有的外交哲學和世紀性大戰略." 『哈爾濱工業大學學報』 2期.

______. 2003. "對當前中國經濟戰略的思考." 『國際經濟評論』 6期.

______. 2006. 『國際政治與國家方略』. 北京: 北京大學出版社.

申相陽. 2006. 『中國發展論』. 山東人民出版社.

餘建華·王震. 2006. "中國能源威脅論析解: 兼議內外並舉的中國能源發展戰略." 上海社會科學院世界經濟與政治. 『國際體系與中國的軟力量』. 北京: 時事出版社.

連玉明·武建忠. 2006.『中國國情報告』. 北京: 中國時代經濟出版社.

連玉明 主編. 2005.『中國城市年度報告2005』. 北京: 中國時代經濟出版社.

閻學通·孫學峰. 2005.『中國崛起與其戰略』. 北京: 北京大學出版社.

閻學通 等. 1998.『中國崛起: 國際環境評估』. 天津: 天津人民出版社.

閻學通. 2005.『國際政治與中國』. 北京: 北京大學出版社.

葉自成. 2003a.『中國大戰略』. 北京: 社會科學文獻出版社.

______. 2003b.『春秋戰國時期的中國外交思想』. 香港: 社會科學出版公司.

倪世雄 外. 2001.『當代西方國際關係理論』. 上海: 復旦大學出版社.

吳稼祥. 2005.『果殼裏的帝國:洲級時代的中國戰略』. 上海三聯書店.

吳俊傑·張紅. 2005.『中國構建和諧社會問題報告』. 北京: 中國發展出版社.

吳春秋. 2002.『論大戰略和世界戰爭史』. 北京: 解放軍出版社.

王夢奎. 2005a.『中國中長期發展的重要問題 2006-2020』. 北京: 中國發展出版社.

______. 2005b.『中國的全面協調可建持續發展』. 北京: 人民出版社.

______. 2005c. "關於'十一五'規劃和2020年遠景目標的若干問題." 馬洪·王夢奎.『中國發展研究(2005年)』. 北京: 中國發展出版社.

王尙銀. 2005.『中國社會問題研究引論』. 杭州: 浙江大學出版社.

王輯思. 2007. "中美關係:尋究穩定적新框架," 牛軍 編.『中國學者看世界(中國外交卷)』. 北京: 新世界出版社.

魏一鳴 外. 2006. "中國能源報告(2006)."『戰略與政策研究』. 北京: 科學出版社.

劉國光 主編. 2004.『2005年中國經濟形勢與豫測』. 北京: 社會科學文獻出版社.

劉世軍·郝鐵川. 2002.『江澤民"三個代表"思想研究』. 南京: 南京大學出版社.

劉傳江·鄭淩雲. 2004.『城鎮與城鄉可持續發展』. 北京: 科學出版社.

劉靜波. 2006.『21世紀初中國國家安全戰略』. 北京: 時事出版社.

劉振英. 2001.『中國可持續發展問題研究』. 北京: 中國農業出版社.

劉鶴. 2000. "關注'十五' 計劃." www.xz.gov.cn/jjxx/jjyc/ycfx9921.htm(검색일 : 03/09/20).

劉學民. 2005.『城市化與可持續可能發展研究』. 北京: 中共中央黨校出版社.

李而炳. 2004.『21世紀前期中國對外戰略的選擇』. 北京: 時事出版社.

任才方·王曉輝. 20034. "新型工業化指標體系探索."『中國統計』5期.

任曉. 2005. "六方會談與東北亞多變安全機制的可能性."『現代國際關係』1期

張建華 主編. 2003.『十六大之後關注中國面臨的緊要問題』. 北京: 經濟日報出版社.

張劍荊. 2005.『中國崛起』. 北京: 新華出版社.

張東偉·蔡昉. 2002. "就業彈性變化趨勢研究."『中國工業經濟』5期.

張東偉. 2004. "擴大與促進就業的思路與對策." 陳佳貴·王延中 主編.『中國社會保障報告(2001~2004)』. 北京: 社會科學文獻出版社.

張登及. 2003.『建構中國:不確定世界中的大國定位與大國外交』. 臺北: 楊智文化事業有限公司.

鄭必堅. 2005a.『論中國和平崛起發展新道路』. 北京: 中國中央黨校出版社.

______. 2005b. "中國共産黨21世紀的走向."『人民日報』05/11/22.

趙國鴻. 2005.『論中國新型工業化道路』. 北京: 人民出版社.

周牧之. 2005.『大轉折:解讀城市化與中國經濟發展模式』. 北京: 世界知識出版社.

朱鋒. 2004. "非傳統安全解析."『中國社會科學』4期.

周天勇. 2005.『城市發展戰略: 研究與制定』. 北京: 高等教育出版社.

中共中央關於制定國民經濟和社會發展第十一五年計劃的建議 編輯組. 2005.『中共中央關於制定國民經濟和社會發展第十一五年計劃的建議輔導讀本』. 北京: 人民出版社.

中共中央黨校出版社 編寫組. 2006.『中國未來五年發展走向』. 北京: 中共中央黨校出版社.

中共中央宣傳部理論局. 2006.『理論熱點面對面(2006)』. 北京: 人民出版社.

______. 2005.『理論熱點面對面(2005)』. 北京: 人民出版社.

中國工業經濟聯合會學術委員會 編. 2004.『中國新型工業化道路』. 北京: 中國經濟出版社.

中國現代國際關係研究院所. 2000.『全球戰略大格局:新世紀中國的國際環境』. 北京: 時事出版社.

______. 2002.『國際戰略與安全形勢評估 2001/2002』. 北京: 時事出版社.

______. 2006.『東北亞地區安全政策及安全合作構想』. 北京: 時事出版社.

中國現代化戰略研究課題組. 2005.『中國現代化報告2005』. 北京: 北京大學出版社.

中華人民共和國建設部. 1999.『中華人民共和國家標準城市規劃術語』. 北京: 人民出版社.

陳區華. 2001.『21世紀中國外交戰略』. 北京: 時事出版社.

陳峯君. 2002.『亞太安全新論』. 北京: 中國國際廣播出版社.

俞可平. 2006.『中國模式與北京共識: 超越華盛頓共識』. 北京: 社會科學文獻出版社.

楚樹龍·耿秦 編. 2003.『世界, 美國和中國: 新世紀國際關係和國際戰略理論探索』. 北京: 清華大學出版社.

楚樹龍. 2007. "全面建設小康時期的中國外交戰略." 牛軍 編.『中國學者看世界: 中國外交』. 北京: 新世界出版社.

湯光鴻. 2005. "世界多樣性和中國外交新理念."『國際問題研究』第5期.

彭澎. 2005.『和平崛起論:中國重仲塑大國之路』. 廣東: 廣東人民出版社.

夏立平. 2007. "論中國實現和平崛起的國際戰略新理念." 金燦榮 編.『中國學者看世界: 大國戰略卷』. 新世界出版社.

現代國際關係研究院. 2004.『國際戰略與與安全形勢評估』. 北京: 時事出版社.

胡鍵. 2006. "中國軟力量: 要素, 資源, 能力." 上海社會科學院世界經濟與政治.『國際體系與中國的軟力量』. 北京: 時事出版社.

胡鞍鋼·門洪華. 2005.『中國: 東亞一體化新戰略』. 杭州: 浙江人民出版社.

胡鞍鋼·王亞軍. 2005.『國情與發展』. 北京: 清華大學出版社.

胡鞍鋼. 2000.『大國戰略: 國家利益與使命』. 沈陽: 遼寧人民出版社.

______. 2002.『國家戰略構想』. 杭州: 浙江人民出版社.

______. 2003.『中國大戰略』. 杭州: 浙江人民出版社.

______. 2003b. "小康社會: 構建強國富民的中國大戰略." 汝信·陸學藝·李培林主編. 『2004年: 中國社會形勢分析與豫測』. 北京: 社會科學文獻出版社.

______. 2003c. "新型工業化與發展."『專家談新型工業化』. 北京: 經濟科學出版社.

______. 2004.『中國: 新發展觀』. 杭州: 浙江人民出版社.

______. 2007.『中國崛起之路』. 北京: 北京大學出版社.

胡宗山. 2006.『中國的和平崛起: 理論.歷史與戰略』. 世界知識出版社.

黃朔風. 1999.『綜合國力新論: 兼論新中國的綜合國力』. 北京: 社會科學出版社.

______. 2002.『大國較量 : 世界主要國家統計合國力國際比較』. 北京: 世界知識出版社.

______. 2006.『大國較量 : 世界主要國家綜合國力國際比較』. 北京: 世界知識出版社.

黃平·崔之元. 2005.『中國與全球化:華盛頓共識還是北京共識』. 北京: 社會科學文獻出版社.

侯樹棟·許志功·黃宏. 2004.『黨和國家關注的十四個重大課題』. 北京: 人民出版社.

閆健. 2006.『民主是個好東西: 俞可平放談錄』. 北京: 社會科學文獻出版社.

『中共中央關於構建社會主義和諧社會若干重大問題的決定』. 2006. 北京 : 人民出版社.

Bernstein, Richard and Ross M. Munro. 1997. *The Coming Conflict with China.* New York: Afred A. Knopf.

Brad, Roberts. 2004. "Dissuasion and China." *Strategic Insights* (October).

Brzezinski, Zbigniew and John J. Mearsheimer. 2005. "Clash of the Titans." *Foreign Policy* (January/ February).

Cai, Youngshun. 2002. "The Resistance of Chinese Laid-off Workers in the Reform Period." *The China Quarterly* 170.

Cline, Ray. 1975. *World Power Assessment.* Ithaca: Westview Press.

Collins, John. 1973. *Grand Strategy.* Annapolis: Naval Institute Press.

Coplin, D. William and W. Kegley, Charles Jr. eds. 1971. *A multi-Method Introduction to International Politics.* Chicago: Markham.

Deng, Yong. 2001. "Hegemon on the Offensive: Chinese Perspectives on U.S Global Strategy." *Political Science Quarterly* (Fall).

Department of Defence. 2001. *Report of the Quadrennial Defense Review* (Department of Defence)

Dirlik, Arif. 2006. *Global Modernity: Modernity in the Age of Capitalism.* Boulder Co.: Paradigm Publishers.

Dittmer, Lowell. 2004. *The Emerging Northeast Asian Regional Order.* Rowma and Littlefield.

______. 2006. "The transformation of Chinese foreign policy." Friedman, Edward and Kim, Sung Chull eds. *Regional Cooperation and its Enemies in Northeast Asia*. Routledge.

Doyle, Michael W. 1993. "Politics and Grand Strategy." Richard, Rosecrance and A. Stein Arthur eds. *The Domestic Bases of Grand Strategy*. Ithaca and London: Cornell University.

Economic and Development Review Committee. 2005. *Economic Review-China 2005*, ECO / EDR 2005.

Eldrige, Hope Tisdale. 1956. "The process of Urbanization." J. J. Spengler and O. D. Duncan eds. *Demographic Analysis*. Free Press.

Evan, Medeiros S. and Taylor M. Fravel. 2003. "China's New Diplomacy." *Foreign Affairs* vol. 82, no. 6 (Nov./Dec.).

Friedberg, Aaron L. 2005. "The Future of U.S.-China Relations: Is Conflict Inevitable?" *International Security* (Fall).

Funabashi, Yoichi, Michael Oksenberg, Heinrich Weiss. 1994. *An Emerging China in a World of Interdependence*. New York: The Trilateral Commission.

Gale, Fred and Hongguo Dai. 2002. "Small Town Development in China: A 21st Century Challenge." *Rural America* 17:1 (Spring).

German F, Clifford. 1960. "A tentative evaluation of world power." *Journal of Conflict Resolution* (April).

Goldstein, Avery. 1997/1998. "Great expectations: Interpreting China's Arrival" *International Securities* Vol. 22, No. 3 (Winter).

______. 2001. "The Diplomatic Face of China's Grand Strategy: A Rising Power's Emerging Choice." *The China Quarterly*.

______. 2003. "An Emerging China's Emerging Grand Strategy: A New-Bismarckian Turn?" Ikenberry G. John and Mastanduno eds., *International Relations Theory and the Asia-Pacific*. New York : Columbia University.

Hart, B. H. Liddell. 1967. *Strategy : The Indirect Approach*. London : Faber and Faber Ltd.

Hu, Shaohua. 2000. *Explaining Chinese Democratization*. Prager.

International Crisis Group. 2006. "China and North Korea: Comrades forever?" *International Crisis Group Asian Report* No. 112, Feb.

Jin, Canrong. 2001. "A response to Ted Osius : Policy Legacy and Political Context in U. S. Relations with China." *Asian Affairs* 28-3 (Fall).

Johnson, Alastair Iain and Robert S. Ross. 1999. *Engaging China: Management of Emerging Power*. London: Routledge.

Johnson, Alastair Iain. 1995. *Cultural Realism: Strategic Culture and Grand Strategy in Chinese History*. Princeton: Princeton Univ Press.

______. 2004. "China's International Relations: The Political and Security Dimensions." Kim Samuel S. *The International Relations of Northeast Asia*. Oxford: Rowman and Littlefield.

Johnson, Chalmers A. 1995. "Korea and Our Asia Policy." *National Interest* No. 41 (Fall).

Kennedy, Paul ed. 1991. *Grand Strategy in War and Peace*. New Heaven: Yale University Press.

Kim, Samuel S. 2001a. "North Korea 2000." *Asian Survey*. 16-16.

Lampton, David M. 2001. *Same Bed Different Dreams : Managing U.S.-China Relations 1989-2000*. Berkeley and L.A: Univ of California.

Lankov, Andrei. 2006. "China Rises its stake in North Korea," *Nautilus*.(Jan.6).

Lardy, Xie. "China : Time to Change." Global Economic Forum (06/02/27); http://www.morganstanley.com/GEFdata/digests/2006202-thu.html.

Liu, Shenghe, Xiubin Li, and Ming Zhang. 2003. *Scenario Analysis on Urbanization and Rural-Urban Migration in China*. Laxenburg, Austria : International Institute for Applied Systems Analysis.

Mosher, Steven W. 2000. *Hegemon : China's Plan to Dominate Asia and the World*. San Francisco: Encounter Books.

Murray, Williamson al. eds. 1996. *The Making of Strategy : Rulers, states, and war*. Cambridge University Press

Osius, Ted. 2001. "Legacy of the Clinton-Gore Administration's China Policy." *Asian Affairs* 28-3 (Fall).

Pempel, T. J. 2004. "East Asia: Emerging Webs of regional Connectedness." *Security Cooperation in East Asia*. Beijing: Peking University Press.

Peng, Yuan. 2004. "U. S-China Relations: Two Possibilities, One Option." *Brookings Northeast Asia Survey 2003~2004*. Washington D.C: Brookings Institute.

Pillisbury, Michael. 2000. *China Debates the Future Security Environment*. Washington D.C: National Defense University.

Porter, Michael. 1990. *The Competitive Advantage of Nations*. The Free Press.

Ramo, Joshua Cooper. 2007. *Brand China*. U. K: Foreign Policy Center.

Rand. 2002. "China's Continued Economic Progress : possible Adversities and Obstacles." 5th Annual CRF-RAND Conference. Beijing.

Raymond, Boudon and Bourricaud Francois. 1989. *A Critical Dictionary of Sociology*. Chicago: University of Chicago Press.

Roy, Denny. 1994. "Hegemon on the Horizon? : China's Threat to East Asian Securiy." *International Security* Vol. 19, No. 1.

Scobell, Andrew. 2002. "China and North Korea: The Close but Uncomfortable Relationship." *Current History* 101.

______. 2004. "China and North Korea: From Comrades in arms to Allies at Arm's length." *Strategic Studies Institute* (March).

Segal, Gerald. 1999. "Does China Matter." *Foreign Affairs* Vol. 78 (Sept.~Oct. 19)

Shambaugh, David. 2000. *Is China Unstable? Assessing the Factors.* M.E. Sharpe.

______. 2001. "Facing Reality in China Policy." *Foreign Affairs* (Jan/Feb).

______. 2003. "China and the Korean Peninsula: Playing for the long Term." *The Washington Quarterly* Vol. 26, No. 2(Spring).

______. 2006. *Power Shift: China and Asia's New Dynamic.* Berkely, Los Angeles: University of Californian Press.

Shutter, Robert G. 2005. *China's Rise in Asia : Promises, Prospects, and Implications for the United States.* Honolulu: Asia-Pacific Center for Security Studies.

Simon, X. B., Chan Zhao, C. K Roger, and Kelvin T. O. Sit. 2003. "Globalization and the Dominance of Large Cities in Contemporary China." *Cities* 20:4.

Suettinger, Robert L. 2004. "The Rise and Descent of 'Peaceful Rise'." *China Leadership Monitor* no. 12 (September).

Swain, Michael D., Ashley J. Tellis. 2003. *Interpreting China's Strategy : Past, Present, and Future.* Santa Monica, CA: Rand Corporation.

Tang, Shiping and Yunling Zhang. 2005. "China's Regional Securiti." David Shambaugh eds. *Power Shift : China and Asia's New Dynamics.* Univ. of California Press.

Terrill, Ross. 2003. *The New Chinese Empire : And What It Means for the United States.* New York: Basic Books.

Treverton, Gregory F. and Seth G, Johns. 2005. *Measuring National Power.* Santa Monica: Rand.

Wang, Jishi. 2006. *Rational Reflection on International Politics.* Peking: Peking University Press.

Wang, Shaoguang. 2000. "The Social and Political Implications of China's WTO Membership." *Journal of Contemporary China* Vol. 9, No. 5.

White House. 2002. *The National Security of the United Stated of America.*

Wilson, Dominic and Roopa Purushothaman. 2003. "Dreaming with BRICs: the path to 2050." *Goldman Sachs Global Economics paper* No. 99.

Wolf, Charles Jr. 2004. "Keynote Address: China's Growth and Challenges to It." *POSRI International Forum on China's Development : Key Challenges for China's Sustained Growth.* Hosted by POSCO Research Institute, Sponsored POSCO, The Chosun Ilbo (November 10-11).

Wolf, Charles, Jr., K. C. Yeh et al. 2003. *Fault Line in China's Economic Terrain.* Santa Monica. CA: Rand Corporation.

World Bank. 1987. *China: long term development issues and options.* Johns Hopkins

University Press.

______. 2001. *World Development Report 2001*. New York: Oxford University Press.

Yee, Herbert and Ian Storey ed. *The China Threat : Perceptions, Mytha and Reality*. New York: Routledge Curzon.

Zacher, March W. 2001. "The Territorial Integrity Norm: International Boundaries and the Use of Force." *International Organization* Vol. 55, No. 2 (Spring).

Zheng, Yongnian. 1999. *Discovering Chinese Nationalism in China: modernization, Identity, and International Relations*. Cambridge: University Press.

Zhang, Youngjin and Chan Gerald eds. 2001. *Power and Responsibility in Chinese Foreign Policy*. Canbara, Australia: Asia Pacific Press.

Zheng, Yongnian and Greg Austin eds. 2001. *Power and Responsibility in Chinese Foreign Policy*. Canbara: Asia Pacific Press.

Zweig, David. 2001. "China's Stalled 'Fifth Wave': Zhu Rongji's Reform Package of 1998~2000." *Asian Survey* 16-2 (Mar/April).